ゼロから覚醒 Final 読解力完成 現代文

スタディサプリ講師
柳生好之

かんき出版

大学入試

ゼロから覚醒Final 読解力完成 現代文

スタディサプリ講師
柳生好之

かんき出版

はじめに

長文化する入試問題にどう立ち向かうか

数ある参考書の中からこの本を手にとってくれたみなさん、どうもありがとうございます。

僕は日本最大のオンライン予備校「スタディサプリ」で現代文講師をしている柳生好之といいます。

『ゼロから覚醒 はじめよう現代文』『ゼロから覚醒 Next フレームで読み解く現代文』と続いてきた現代文の『ゼロから覚醒』シリーズも、本書で三作目になります。

この『ゼロから覚醒』シリーズは、**「どんなに現代文が苦手でも、ルールを知れば必ずできるようになる」**ということを一人でも多くの受験生に知ってもらいたいという思いで書きはじめました。

本を読んでくれた方から、「現代文にも解くためのルールがあることがわかって感動しました！」「今までできなかった現代文の世界がガラリと変わりました！」などの喜びの声をいただくことがどれほど励みになったか計り知れません。心からの感謝の気持ちをお伝えしたいと思います。

さて、これまでの二冊では「現代文という科目の正体」や「正しく読むための型」などの、現代文読解に欠かせない考え方を学んでもらいました。実際に、模試などで大きな手応えを感じた方も多いでしょう。

ただ、入試レベルの問題を解いてみて、「過去問が長すぎて途中で内容がわからなくなってしまった」「文章が長すぎて制限時間内に解き終えられなかった」というような悩みも出てきているかもしれません。

これは多くの受験生が抱える切実な悩みです。「時間」は、現代文の最も大きな壁と言えます。

近年の大学入試問題は**長文化**が進んでいて、二、三〇年前の入試問題と比べてみると、出題される文章が二倍から三倍くらいの分量になっています。また、選択肢もどんどん長くなっています。

ためしに、センター試験がはじまった年の問題と共通テストがはじまった年の問題を比較してみましょう。

●1990年 大学入試センター試験 第1問……1625字（文章のみ）
●2021年 大学入学共通テスト　第1問……3401字（文章のみ）

試験時間は変わっていないので、同じ制限時間でこれだけ長くなった文章に対応しなければなりません。明らかに二、三〇年前と同じ対策をしていてはいけないことがわかると思います。

それでは、いわゆる「速読」が必要なのでしょうか？

結論から言うと、答えは「ノー」です。

かつて流行った「目を速く動かす」「視野を広く取る」などのいわゆる「速読」の技術は、現在では科学的な根拠がないとされ、その効果も否定されています。

では、一体どうしたらこの長い入試問題の文章を時間内に読み切ることができるのでしょうか？

正解は**「目的を持って読む」**ことです。

みなさんが大学入試で文章を読む「目的」は、「問題に正解すること」です。

たとえば、筆者の思想的背景に思いをはせたり、作品の世界に没入したりするような読み方は、個人的な読書の際にはもちろんよいのですが、大学入試問題の読み方としては正しくありません。

「問題に正解する」ための読み方とは、長い文章を正しく整理してポイントをつかむ読み方です。

長い文章の中にはたくさんの情報が詰め込まれています。目的を持たずになんとなく読んでいると、設問を解く段階になってもポイントになる箇所がわからないので、迷いながら文章を行ったり来たりすることになり、結果として時間が足りなくなってしまうことが多いのです。

長文の入試問題を目の前にしたときにみなさんがやるべきことは、**たくさんの情報の中から必要な情報だけを集めて整理することです**。ものすごく長いと思えるような文章であっても、必要な情報を自分の手で整理していけば、必ず時間内にポイントをつかんで読み切ることができます。

この本でみなさんの情報整理力を覚醒させます。

それでは、『ゼロから覚醒』の最終章、みなさんの成長を最高に楽しんでいきましょう。

「時間内に
解き終わらない」
をなくします!

超長文の最新入試問題が
解ける!

文章の要約が
スラスラ書ける!

共通テストの複数テクストが
読める!

CONTENTS

『ゼロから覚醒Final 読解力完成現代文』 もくじ

PART1

第1部 論理的文章の「読」と「解」

PART2

第2部 文学的文章の「読」と「解」

本書の特長と使い方

本書は、最新の入試問題に対応する方法を学べる本です。
演習の目安時間を参考にして入試問題に取り組み、「読」と「解」のポイントをマスターしましょう。
超長文の入試問題を時間内に解くためには、必要な情報を自分の手で整理する必要があります。
本書をすべて読み終えたときには、情報整理力が「覚醒」して、入試問題に立ち向かう自信がついているはずです。

第0講

第0講
論理的文章の基本の型は二つ

「分ける」と「つなげる」がわかれば、論理的文章はすべて読める！

ここでは、入試問題を読み解くために最も重要な整理の仕方を学びます。別冊の問題を解く前に、しっかりと確認しておきましょう。

第1講～

第1講
「**分ける**」タイプの攻略①

長い文章を読むコツは、書かれていることを分けて整理すること！

【別冊】問題編の読み方と解き方を解説しています。
入試問題を解く際に気をつけるべきことをまとめているので、まずは冒頭から読んでいきましょう。

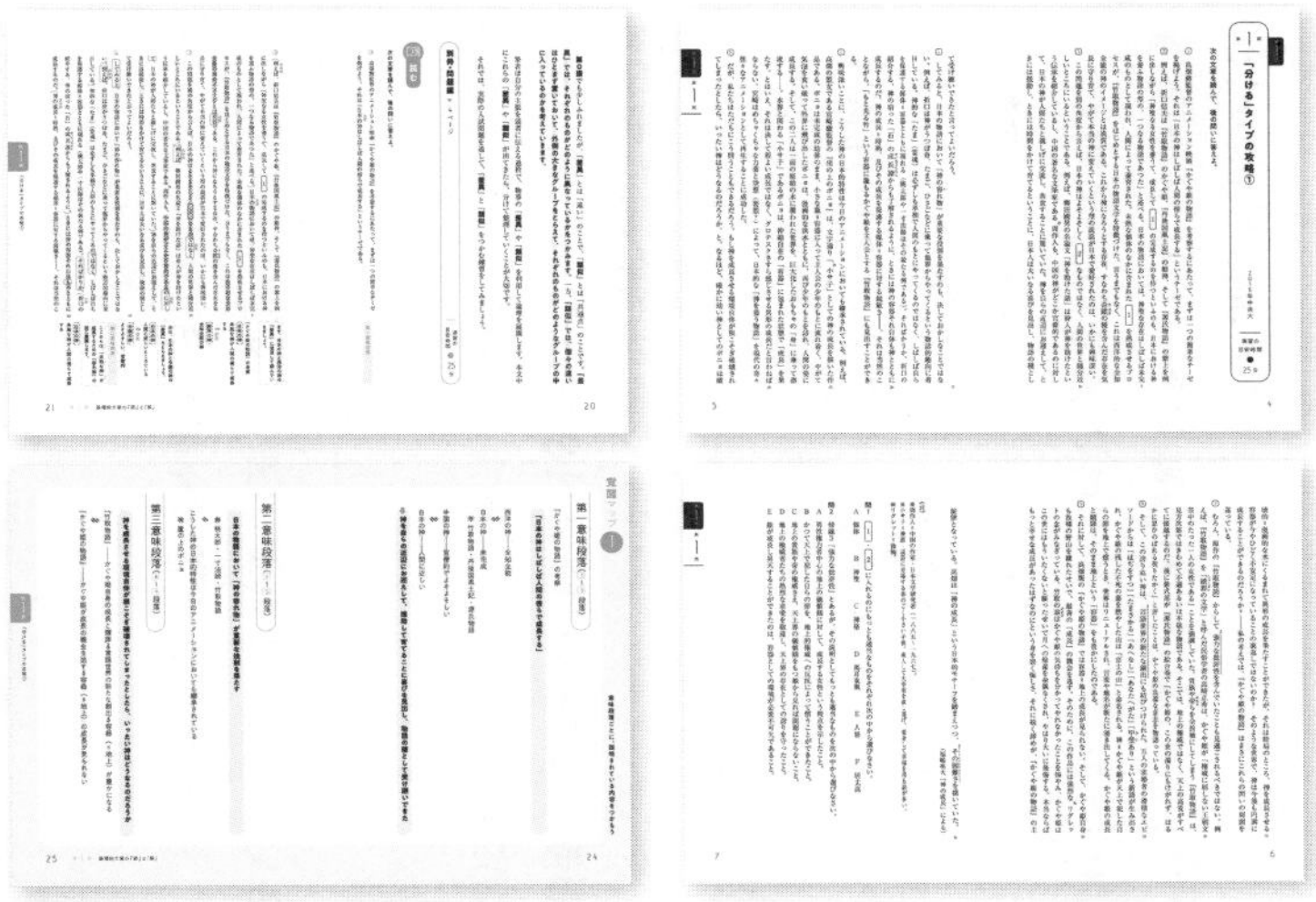

そして、

【別冊】問題編 ▼6ページ　演習の目安時間 25分

このアイコンが出てきたら、**【別冊】問題編**の該当ページを開き、問題に取り組んでみましょう。

問題を解き終わったら、再び**本編**の続きを読みます。

ここでは、本文の「読み方」を解説しています。目をつけるべきポイントを確認した後、覚醒マップで文章の全体像をつかみましょう。

また、いつでも同じように解ける「解き方」で問題の解説をしています。正しい手順で解けたかどうかを確認しておきましょう。

さらに、覚醒ポイントに各講の最重要ポイントをギュッとまとめました。学習の振り返りにも役立ちます。

覚醒Check!

『ゼロから覚醒』シリーズで学んだ内容には、覚醒Check!がついています。学んだことを思い出しながら読んでいくと、さらに効果が上がります。

ダウンロード特典のご案内

本書の特典として、要約にチャレンジ！をダウンロードすることができます。

要約にチャレンジ！とは？

【別冊】問題編の文章を要約する課題です。「問題」「解答用紙」「解答解説」をパソコンやスマートフォンからダウンロードできます。

要約問題は、文章中にあるたくさんの情報の中から必要な情報だけを集めて整理する練習に最適です。ぜひ取り組んでみましょう！

柳生先生からのアドバイス

「現代文が苦手だな……」と思っている人は、はじめから要約問題に取り組まなくてもいいのですよ。

本書を何度か読んで、本文の読み方と問題の解き方がしっかり身についた後にチャレンジしてみましょう。

ダウンロード特典ご利用の手順

1. インターネットで下記のページにアクセス

パソコンから

URLを入力

http://kanki-pub.co.jp/pages/yyzero3/

スマートフォンから

QRコードを読み取る

2. 入力フォームに、必要な情報を入力して送信すると、ダウンロードページのURLがメールで届く
3. ダウンロードページを開き、ダウンロードをクリックして、パソコンまたはスマートフォンに保存
4. ダウンロードしたデータをそのまま読むか、プリンターやコンビニのプリントサービスなどでプリントアウトする

PART1

第1部

論理的文章の「読」と「解」

第0講 論理的文章の基本の型は二つ

「分ける」と「つなげる」がわかれば、論理的文章はすべて読める!

第1部では、**論理的文章の「読」と「解」**について学んでいきましょう。

論理的文章とは、筆者が自分の主張を読者に伝えるために書くものです。読者である私たち(受験生)は、筆者の主張を理解する必要があります。

「その主張を、どう理解すればいいのかわからないんだよ」という声が聞こえてきそうですね。大丈夫。文章の全体像をわかりやすくし、筆者の主張を読み取るためのコツがちゃんとあります。

大切なのは、**論理的文章の基本的なタイプ**を知っておくことです。

実は、論理的文章は、**物事を「分ける」タイプの文章**と**根拠と主張を「つなげる」タイプの文章**の二つに大別できます。

「**分ける**」タイプは、本文中の物事をグループ分けしながら進められる文章。「**つなげる**」タイプは、根拠・

理由から主張・結論に向かって論理がつなげられる文章をイメージするとわかりやすいでしょう。

論理的文章の二つのタイプ
①物事を「分ける」タイプ
……本文中の物事をグループ分けしながら進められる文章
②根拠と主張を「つなげる」タイプ
……根拠・理由から主張・結論に向かって論理がつなげられる文章

どちらのタイプにも、文章中でよく使われる「型（＝フレーム）」があります。

まず、「**分ける**」タイプの文章では 覚醒Check!▶ **「差異」「類似」などの「型」が使われるのが特徴です。**

「**差異**」は、二つ以上のものの違いに注目して論理を展開するときに使われるもの。「近代」と「現代」、「日本」と「西洋」など、異なるものが比較されながら書かれるのです。

「**差異**」とセットで覚えておきたいものに「**類似**」があります。これは二つ以上のものの共通点や似ている点に注目して論理を展開するときに使われるものです。たとえば、「近代」と「現代」は異なる時代ですが、「近代」から続く「現代」には、当然共通する部分もあります。

物事を「分ける」タイプの文章では、「差異」や「類似」などの型が使われる。

一方、「**つなげる**」タイプの文章では**覚醒Check!**▶**「論証」の「型」が多く使われます。**

「**論証**」とは、「根拠をもとに主張を導き出すこと」です。

たとえば、「カフェインのとりすぎは体に害を及ぼす。だから、カフェインを過剰摂取してはいけない。」という文を考えてみましょう。根拠は「カフェインのとりすぎは体に害を及ぼす」、主張は「カフェインを過剰摂取してはいけない」です。このように、「**論証**」では根拠と主張がセットになります。

根拠と主張を「つなげる」タイプの文章では、「論証」の型が使われる。

こうした「型」を理解したら、文章を読みながら情報を整理しましょう。

ただし、本書の「はじめに」でもふれた通り、近年の入試現代文は長文化の傾向にあります。ひと昔前は、大問一つにつき１５００字程度の分量が一般的でしたが、今は４０００字を超える文章の出題も見られるようになりました。そのような、長文化傾向にある入試現代文で、文章に書かれたすべての情報を記憶するのは難しいものです。

ですから、読解の際には**頭の中に情報の「容器」を用意しておき、文章中の情報を振り分ける**ようにするといいでしょう。

たとえば、先ほど説明した論理的文章の二つのタイプでは、次のような「容器」をイメージします。

「分ける」タイプ

差異

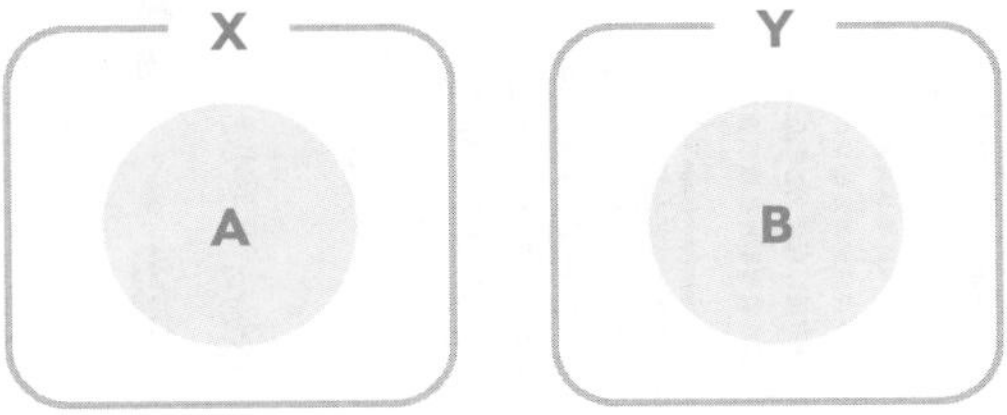

類似

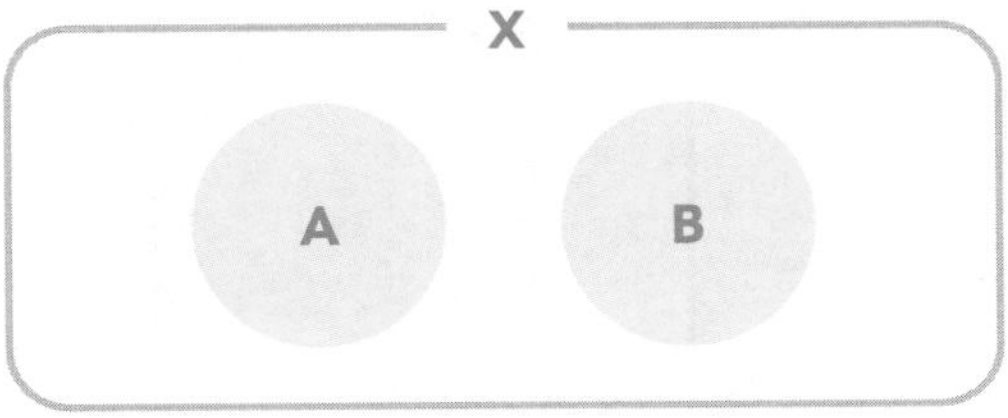

「つなげる」タイプ

論証

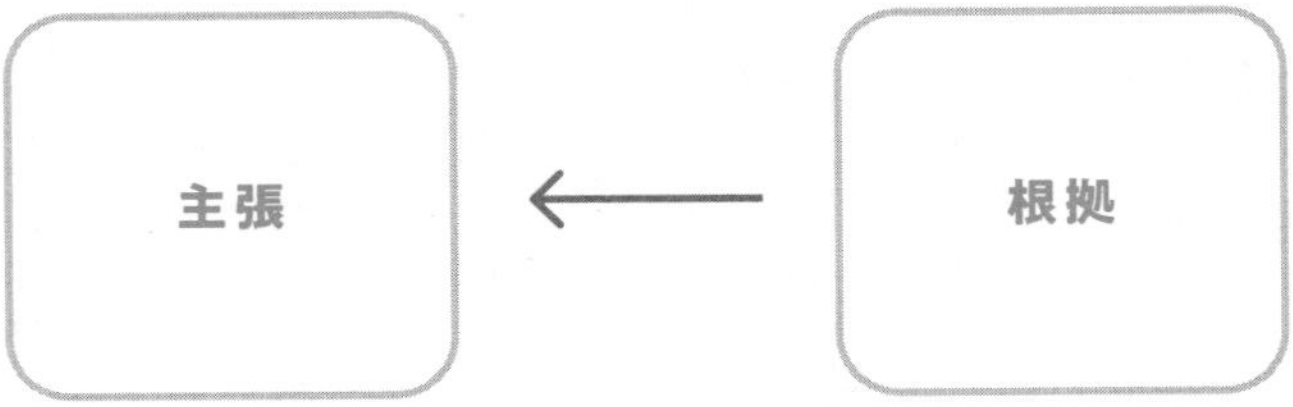

ここで注意したいのは、文章に書かれているすべての内容を容器の中に入れる必要はないということです。

本文の中で特に重要なのは、**筆者の主張と根拠**です。これは絶対にとらえるようにしましょう。
また、**「差異」や「類似」**も、内容をつかむうえで重要になります。

逆に、**「具体例」**や**「引用」**、**「比喩」**などは、筆者が自分の主張をわかりやすく説明するために挙げているものなので、それ自体は重要ではありません。

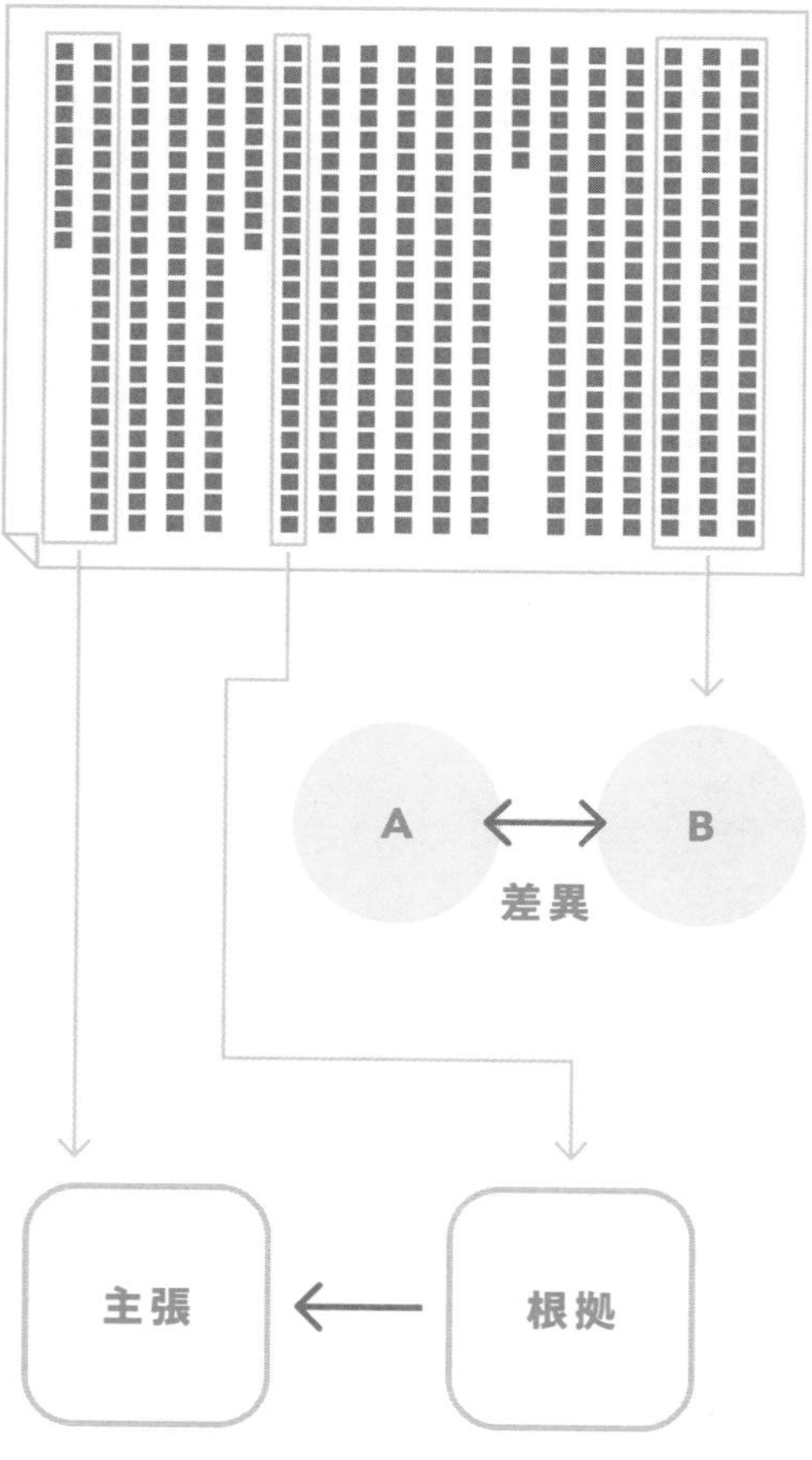

ここまでの説明をまとめます。

まずは、**論理的文章には「分ける」タイプの文章と「つなげる」タイプの文章がある**ことを意識します。

そのうえで、「**分ける**」タイプの文章では「**差異**」「**類似**」などの型が使われ、「**つなげる**」タイプの文章では「**論証**」などの型が使われることに注意します。

そして、頭の中に情報を入れるための「容器」を用意し、**ふさわしい容器に重要度の高い情報を振り分けながら読み進める**ようにしましょう。

こうすることで、文章の全体像がわかりやすくなり、筆者の主張もとらえやすくなります。もちろん、設問の解答や本文の要約もしやすくなりますよ。

それでは、次のページから、さらに具体的に文章の読み方と問題の解き方を学んでいきましょう!

覚醒ポイント

論理的文章には、「分ける」タイプと「つなげる」タイプがある。情報を入れるための「容器」を用意して、重要度の高い情報を振り分けながら読み進める。

第1講

「**分ける**」タイプの攻略①

長い文章を読むコツは、書かれていることを分けて整理すること！

さあ、ここからが本格的な覚醒のスタートです。

第1講では、**「分ける」タイプの文章の読み方と解き方**を学んでいきましょう。

現代文の問題の本文を「長いな」と感じたことはありませんか。本文に書かれていることをなんとなく読んでいくと、読んでいる途中で「あれ、なにが書かれているんだっけ？」となってしまうんですね。

このような事態を避けるために、まず大切にしたいのが、**本文に書かれていることを分けて整理していくこと**です。

そして、その際には「**差異（対比）**」と「**類似（類比）**」がポイントになります。

物事を説明するときには、一つのものについて説明を続けるよりも、何かと比べながら説明したほうがよりわかりやすくなるため、**「他のものと比べる（比較する）」という方法**がよく使われます。

たとえば、「カフェオレ」と「カフェラテ」の二つを比べてみましょう。どちらもミルクを使った飲み物ですが、「カフェオレ」はドリップコーヒーにミルクを加えたものです。一方、「カフェラテ」はエスプレッソにミルクを加えたものです。このように説明されると、両者の違いがわかりますね。

「他のものと比べる（比較する）」ことで、わかりやすく説明できる。

この「**比較**」には、違うものと比較する「**差異**」と、似ているものと比較する「**類似**」の二種類があります。先ほどの例をもとにすると、次のようになります。

第0講でも少しふれましたが、「**差異**」とは「違い」のことで、「**類似**」とは「共通点」のことです。「**差異」では、それぞれのものがどのように異なっているかをつかみます。**一方、「**類似」では、個々の違いはひとまず置いておいて、外側の大きなグループをとらえて、それぞれのものがどのようなグループの中に入っているのかを考えていきます。**

筆者は自分の主張を読者に伝える過程で、物事の「**差異**」や「**類似**」を利用して論理を展開します。本文中にこれらの「**差異**」や「**類似**」が出てきたら、分けて整理していくことが大切です。

それでは、実際の入試問題を通して、「**差異**」と「**類似**」をつかむ練習をしてみましょう。

【別冊】問題編 ▼6ページ

演習の目安時間 25分

読む

次の文章を読んで、後の問いに答えよ。

① 高畑勲監督のアニメーション映画『かぐや姫の物語』を考察するにあたって、まずは一つの簡単なテーゼを掲げよう。それは「日本の神はしばしば人間の傍らで成長する」というテーゼである。

主張

第一意味段落

まず、日本の神と西洋の神の

② 例えば、折口信夫は『竹取物語』のかぐや姫、『丹後国風土記』の姫神、そして『源氏物語』の紫上を例に出しながら「神聖なる女性を養うて、成長して［1］の完成するのを待つといふのも、日本における神を養ふ物語の型の、一つなる物語であつた」と述べる。日本の物語においては、神聖な存在はしばしば未完成のものとして現われ、人間によって養育された。未熟な個体のなかに含まれた［1］を熟成させるプロセスが、『竹取物語』をはじめとする日本の物語文学を特徴づけた。言うまでもなく、これは西洋的な全知全能の神のイメージとは異質である。これから神になろうとする存在、すなわち奇蹟《きせき》の種を含んだ存在を気長に守り育て、やがて本当の神に変えていくという型の説話が日本で愛好されたのは、いかにも興味深い。

③ この問題を別の角度から言えば、日本の神はよそよそしく［2］なものではなく、人間の世界と随分近しいところにいるということである。例えば、柳田國男の名論文「神を助けた話」は狩人が神を助けたという伝承を紹介しているし、中国の著名な文筆家である※周作人も、中国の神がどこか官僚的であるのに対して、日本の神が人間たちと親しげに交流し、共食することに驚いていた。神を自らの近辺にお迎えして、ときには援助し、ときには時間をかけて育てるということに、日本人は大いなる喜びを見出し、物語の種として受け継いできたと言ってよいだろう。

④ してみると、日本の物語において「神の容《い》れ物」が重要な役割を果たすのも、決しておかしなことではない。例えば、折口は神がうつぼ舟、たまご、ひさごなどに乗って他界からやってくるという物語的趣向に着目している。神的な「たま」（霊魂）は必ずしも単独で人間のもとにやってくるのではなく、しばしば自らを保護する媒体＝容器とともに現れる（桃太郎や一寸法師はその最たる例である）。そればかりか、折口の紹介する、神の宿った「石」の成長譚《せいちょうたん》からも了解されるように、ときには神の容器それ自体も神とともに成長するのだ。神の成長＝時熟、及びその成長を保護する媒体＝容器に対する鋭敏さ――、それは当然のこ

「差異」に注目して読んでいきましょう。

『かぐや姫の物語』の考察
日本の神：未熟な神が人間の傍らで成長する
⇔差異
西洋の神：全知全能の神

次は、日本の神と中国の神の「差異」をとらえましょう。

日本の神：人間に近しいところにいる
⇔差異
中国の神：よそよそしい、官僚的

第二意味段落

ここからは、「未熟な神」が成長するための「容れ物」の話に展開します。

日本の神：未熟な神が人間の傍らで成長する
⇔そのために

ながら、「もと光る竹」という容器に籠もるかぐや姫を主人公とする『竹取物語』にも見出すことができる。

⑤ 興味深いことに、こうした（まとめ）神の日本的特性は今日のアニメーションにおいても（類似）継承されている。例えば（具体例）、高畑の盟友である宮崎駿監督の『崖の上のポニョ』は、文字通り「小サ子」※としての神の成長を描いた作品である。ポニョは未完成の幼体のまま、小さな瓶＝容器に入って主人公の少年のもとに流れ着く。やがて気泡を食い破って外界に飛び出したポニョは、漫画的な洪水とともに、再び少年のもとを訪れ、人間の姿に成長する。そして、この二人は一面の原始の水に覆われた世界を、巨大化したおもちゃの「舟」に乗って漂流する……。水界と関わる「小サ子」であるポニョは、伸縮自在の「容器」に包まれた状態で「成長」を果たす。とはいえ、それは決して程よい成長ではなく、グロテスクさすら感じさせる異形の成長だと言わねばならない。宮崎はめちゃくちゃな力業と空想（妄想？）によって、日本的な「神を養う物語」を現代の奇々怪々なアニメーションとして再生することに成功した。

⑥ だが、私たちはただちにこう問うこともできるだろう。（問題提起）もし神を成長させる環境自体が根こそぎ破壊されてしまったとしたら、いったい神はどうなるのだろうか、と。なるほど（譲歩）、確かに幼い神としてのポニョは破壊的＝漫画的な水にくるまれて異形の成長を果たすことができたが、それは結局のところ、神を成長させる容器が今やひどく不安定になっていることの裏返しではないのか？　そのような世界で、神は今後も円満に成長することができるのだろうか？――私の考えでは、『かぐや姫の物語』はまさにこれらの問いの周囲を巡っている。

⑦ むろん、原作の『竹取物語』からして[3]強力な批評性を含んでいたことも見過ごされるべきではない。例えば（具体例）、『竹取物語』を「贖罪《しょくざい》の文学」と呼んだ民俗学者の高崎正秀は、かぐや姫が「権威に屈しない王朝文

成長を保護する「神の容れ物」が重要な役割を果たす

神の日本的特性とアニメーションの「類似」に注目して読みましょう。

『竹取物語』も
『崖の上のポニョ』も
類似
⬇神は容器とともに現れる
⬇神とともに容器も成長する

第三意味段落

神を成長させる容器（＝環境）が破壊されたらどうなるという問題提起で始まります。

原作の『竹取物語』の特徴が説明されます。『かぐや姫の物語』との関係は「差異」なのか「類似」なのかを考えながら読んでいきましょう。

芸中のたった一人の女性である」ことを強調していた。）貴族や帝《みかど》らを全員袖にしてしまう『竹取物語』は、見方次第ではきわめて不遜あるいは不敬な物語である。そこでは、地上の権威ではなく、天上の高貴がすべてに優越するのだ。（具体例 後に紫式部が『源氏物語』の絵合巻で「かぐや姫の、この世の濁りにもけがれず、はるかに思ひのぼれる契りたかく」と評したことは、かぐや姫の高潔な意志を物語っている。）

⑧そして、この誇り高い神は、[4]言語世界の新たな創出にも結びつけられた。（具体例 五人の求婚者の滑稽なエピソードからは「はぢをすつ」「たまさかる」「あへなし」「あなたへがた」「甲斐《かい》あり」という新語が生み出され、かぐや姫の残した不死の薬を燃やした山は「富士の山」と命名される。）神＝かぐや姫が天上で犯した自らの罪を地上で償うとき、世界はリニューアルされ、言葉や地名が新たに湧き出してくる。かぐや姫の成長と贖罪は、そのまま地上という「容器」をも豊かにしたのである。

⑨差異 それに対して、答え 高畑版の『かぐや姫の物語』では容器＝地上の成長が見られない。そして、かぐや姫自身も故郷の野山を離れたせいで、最善の「成長」の機会を逃す。そのために、この作品には強烈な※リグレットの念がみなぎっている。竹取の翁《おきな》はかぐや姫の気持ちを分かってやれなかったことを悔やみ、かぐや姫はこの世にはもういたくないと願ったせいで月への帰還を余儀なくされ、やはり大いに後悔する。本当ならばもっと幸せな成長があったはずなのにという身を裂く悔しさ、それに続く諦めが、『かぐや姫の物語』の主旋律となっている。高畑は「神の成長」という日本的モチーフを踏まえつつ、[5]その困難さを描いていた。

（福嶋亮大「神の成長」による）

『竹取物語』
『かぐや姫の物語』
⬇強力な批評性を含んでいる
⬇地上を否定している
類似

『竹取物語』
・かぐや姫の成長と贖罪は地上を豊かにした

⬌差異

『かぐや姫の物語』
・地上の成長が見られない
・かぐや姫も成長しない

『竹取物語』と『かぐや姫の物語』は、「類似」している点もありましたが、本文の最後では「差異」が強調されていましたね。

第一意味段落（1～3段落）

『かぐや姫の物語』の考察

「日本の神はしばしば人間の傍らで成長する」

西洋の神——全知全能

⇔

日本の神——未完成

例 竹取物語・丹後国風土記・源氏物語

中国の神——官僚的でよそよそしい

⇔

日本の神——人間に近しい

↓

神を自らの近辺にお迎えして、援助して育てることに喜びを見出し、物語の種として受け継いできた

第二意味段落（4～5段落）

日本の物語において「神の容れ物」が重要な役割を果たす

例 桃太郎・一寸法師・竹取物語

⬅

こうした神の日本的特性は今日のアニメーションにおいても継承されている

例 崖の上のポニョ

第三意味段落（6～9段落）

神を成長させる環境自体が根こそぎ破壊されてしまったとしたら、いったい神はどうなるのだろうか

『竹取物語』――かぐや姫自身の成長と贖罪⬇言語世界の新たな創出⬇容器（＝地上）が豊かになる

⬌

『かぐや姫の物語』――かぐや姫が成長の機会を逃す⬇容器（＝地上）の成長が見られない

解く

問1 空欄補充問題

空欄補充問題では、空欄を含む一文と似た内容の文を探していきます。

[1]

[1]は二か所ありますが、まずは4行目を見てみましょう。

本文4行目のここから！

「神聖なる女性を養うて、成長して[1]の完成するのを待つといふのも、日本における神を養ふ物語の型の、一つなる物語であつた」

この文と似た内容の文を探します。

本文8行目のここから！

これから神になろうとする存在、すなわち奇蹟《きせき》の種を含んだ存在を気長に守り育て、やがて本当の神に変えていくという型の説話が日本で愛好されたのは、いかにも興味深い。

ここを読めば、空欄を含む部分は「**神聖な存在を養って本当の神に変えていく**」という内容になるとわかります。

正解は、C「神格」となります。

ちなみに、もう一つの 1 にも「神格」をあてはめて、「神格を熟成させる」とすることができますね。

他の選択肢を見てみると、B「神聖」以外は、「神」が含まれていないので誤りだとわかります。

B「神聖」は、そもそも 1 を含む文に「神聖なる女性を養うて」とあることから、成長した後に完成するものではないとわかります。

2

ここでも、まずは空欄を含む一文を分析します。

本文10行目のここから！

この問題を別の角度から言えば、日本の神はよそよそしく 2 なものではなく、人間の世界と随分近しいところにいるということである。

この一文の中に、覚醒Check!「ではなく」という「否定」のフレームが使われている点に注目してください。空欄補充問題では、よくポイントとなるフレームです。「ではなく」の前を**A**、「ではなく」の後を**B**としたとき、**A**は「ではなく」によって「否定」されます。「よそよそしく 2 なもの」の部分は、「ではなく」で否定されているので、2 には「近しい」と反対の言葉が入ると考えられます。

この文と似た構造の文があるので、それもヒントになります。

本文11行目のここから！

う伝承を紹介しているし、中国の著名な文筆家である※周作人も、中国の神がどこか官僚的であるのに対して、日本の神が人間たちと親しげに交流し、共食することに驚いていた。

ここでは、「具体例」として日本の神の様子が書かれていて、後半部分では「中国の神」と「日本の神」の「**差異**」が述べられています。今回は「日本の神」ではないほうを解答すればよいのですから、「親しげ」でなくて「官僚的である」に近いものを選びましょう。

正解は、F「居丈高」です。「居丈高」は「いたけだか」と読みます。「人に対して高圧的な態度を取るさま」の意味です。「親しげ」とは反対の態度で、「官僚」のように偉そうですから、これが正解となります。もちろん、「親しげ」の反対の意味にならないものは正解になりませんが、迷うとしたら、Bの「神聖」かもしれません。しかし、先ほども確認したように、日本においては、「神聖」な存在が未完成のものとして現れるのでした。2に「神聖」をあてはめて「よそよそしく神聖なもの」としてしまうと、日本の神の姿に合わなくなってしまいます。

問2 傍線部内容説明問題

傍線部の内容を説明する問題です。まず傍線部を含む一文を分析しましょう。

本文39行目のここから！

むろん、原作の『竹取物語』からして強力な批評性を含んでいたことも見過ごされるべきではない。

この一文から、「強力な批評性」は『竹取物語』に含まれていた性質であることがわかります。

そこで、『竹取物語』の説明を探しましょう。

本文41行目のここから！

貴族や帝《みかど》らを全員袖にしてしまう『竹取物語』は、見方次第ではきわめて不遜あるいは不敬な物語である。そこでは、地上の権威ではなく、天上の高貴がすべてに優越するのだ。

この部分の『竹取物語』の説明を見ると、「不遜あるいは不敬な物語」や「地上の権威ではなく、天上の高貴がすべてに優越する」と書かれていることから、「地上の権威」をものともしない批評性が読み取れます。これをもとに正解を選びましょう。

正解は、C「地上の貴族や帝の権威さえ、天上界の価値観をもつ姫から見れば問題にならないこと。」です。地上の権威を否定しているのはこの選択肢です。

他の選択肢を検討してみましょう。

Aは、「男性権力者中心の地上の価値観に対して、成長する女性」とあり、「男性」と「女性」という対立になっているため、誤りです。本文では「地上」と「天上」という対立でした。

Bは、「かつて天上で犯した自らの罪を、地上的権威への反抗によって償う」という部分が誤りです。かぐや姫が罪を償うというのは正しいですが、それは「地上の権威への反抗」によって行われるのではありません。また、そもそもこの選択肢では「批評」＝「否定」という内容が説明されていませんね。

Dは、「地上の権威者たちの熱烈な求愛を敬遠」が誤りです。本文では「不遜あるいは不敬」とあるので、地上の権力者たちを敬ってはいません。「敬遠」とは「敬って遠ざける」という意味です。**文章で否定されていることを肯定してしまっている選択肢は正解になりませんね。**

Eの「姫が成長し昇天することができたのは、容器としての環境が必要不可欠であること」は、本文には書いてありますが、今回の問題で問われている「批評性」の説明ではありません。傍線部内容説明問題では、その名の通り「傍線部」の「内容」を正しく「説明」することが求められます。**傍線部の内容の説明になっていなければ、たとえ本文に書いてあったとしても、正解にはならないのです。**

問3　傍線部内容説明問題

問2と同じく、傍線部の内容を説明する問題です。まず傍線部を含む一文を分析しましょう。

本文45行目のここから！

そして、この誇り高い神は、4言語世界の新たな創出にも結びつけられた。

「そして」「も」とあることから、傍線部を含む一文は、前の段落の内容に新たな内容をつけ加えているのだとわかります。

「言語世界の新たな創出」を説明している部分を本文で探しましょう。

本文47行目のここから！

神＝かぐや姫が天上で犯した自らの罪を地上で償うとき、世界はリニューアルされ、言葉や地名が新たに湧き出してくる。かぐや姫の成長と贖罪は、そのまま地上という「容器」をも豊かにしたのである。

この「世界はリニューアルされ、言葉や地名が新たに湧き出してくる」「地上という『容器』をも豊かにした」が、「言語世界の新たな創出」です。この内容が含まれている選択肢を選びましょう。

正解は、D「姫が五人の求婚者や帝を残して天上に旅立つまでの種々の逸話から生みだされた言葉や地名は、世界を新しくする力になった、ということ。」となります。

他の選択肢を検討してみましょう。

Aは、「地上の権力者たちも無力であることを認識させた」が誤りです。「世界」が「リニューアル」されるという内容になっていません。

Bは、「物語世界を豊かにした」が誤りです。「物語世界」ではなく「地上という『容器』」を豊かにしたのです。

Cは、「世の中に有益な教訓譚や新たな土地伝説を生みだし、人々の生活に役立った」が、Eは、「人々は土地の記憶によって彼女の天上的な高潔さを忘れなかった」が、それぞれ誤りです。言葉や地名によって、地上世界が豊かになったこととは異なる説明になっていますね。

問4 傍線部理由説明問題

傍線部の理由を説明する問題です。まずは傍線部を含む一文を分析しましょう。

本文55行目のここから！

高畑は「神の成長」という日本的モチーフを踏まえつつ、その困難さを描いていた。

「その」という指示語は「神の成長」を指しています。ですから、この問題は、「神の成長」はなぜ「困難」なのかを聞いているのです。この飛躍を埋めるための説明を探しましょう。「描いていた」の主語は「高畑は」なので、高畑監督の『かぐや姫の物語』について書かれている部分を探す必要がありますね。

本文50行目のここから！

それに対して、高畑版の『かぐや姫の物語』では容器＝地上の成長が見られない。そして、かぐや姫自身も故郷の野山を離れたせいで、最善の「成長」の機会を逃す。

第④段落の冒頭にあったように、未熟な日本の神が成長するためには「容器」が重要でした。しかし、高畑版の『かぐや姫の物語』では「容器＝地上の成長が見られない」のです。そして、「かぐや姫自身も故郷の野山を離れたせいで、最善の『成長』の機会を逃す」とあります。この部分をまとめると次のようになります。

根拠 **神の成長には「容器＝環境」が重要な役割を果たす**

＋「容器＝地上」が成長しない
⬅
主張 神が成長しない

この覚醒Check!▶「論証」をふまえた選択肢を選びましょう。

正解は、Ｅ「『神の成長』には容器の成長が欠かせないが、現代ではその容器としての環境自体が失われつつあるので、成長譚を描くのは無理であるから。」となります。

他の選択肢を検討してみましょう。

Ａは、「『かぐや姫の物語』では新語を作り出すには至らなかった」が文章に書かれていないため、誤りです。

Ｂは、「『成長する神』の主題を表現するには、聖なる天上と俗なる地上の劇的な対立が不可欠」が誤りです。重要なのは「容器」でしたね。

Ｃは、「高畑勲監督の作品では姫を後悔する人間的な少女として描いてしまった」が、Ｄは、「『かぐや姫の物語』では故郷を捨てた少女の物語として描いてしまった」が、それぞれ誤りです。どちらも「容器」の説明がありません。

問5　内容合致問題

文章の内容をもとにして、選択肢が正しいか正しくないかを判断する問題です。24～25ページの覚醒マップを見ながら考えていきましょう。

アは、**第一意味段落**の内容から正しい（A）とわかります。

イは、**第三意味段落**から正しくない（B）とわかります。『竹取物語』と『かぐや姫の物語』の類似点は「地上の権力の批判」でした。

ウは、**第一意味段落**でとらえた「**差異**」の内容から正しい（A）とわかります。

エは、**第三意味段落**の内容から正しくない（B）とわかります。『崖の上のポニョ』は「容器」が成長し、「ポニョ」も成長しますが、『かぐや姫の物語』では成長がありませんでした。本文では「**差異**」の関係になっていましたが、選択肢では「**類似**」の関係になっています。**本文と選択肢で、「差異」と「類似」の関係が変わってしまっているというのは、不正解選択肢で多く見られるパターンです。**

オは、**第二意味段落**の内容から正しい（A）とわかります。

解答（50点満点）

問1　1 C　2 F　（5点×2）

問2　C　（8点）

問3　D　（8点）
問4　E　（9点）
問5　ア A　イ B　ウ A　エ B　オ A　（3点×5）

今回は文章を読むときの「情報の整理の仕方」を学びました。**「具体例」は重要度が低い**ということ、**「差異」や「類似」という比較においては、一方が重要である場合が多い**（今回の文章では「西洋の神」や「中国の神」よりも「日本の神」のほうが重要でしたね）ということを覚えておきましょう。

覚醒ポイント

「差異」や「類似」で比較されている場合には、どちらが重要か考えることで、筆者の主張がわかる。「具体例」そのものは重要度が低いので、読むのに時間をかけすぎないようにする。

第2講 「分ける」タイプの攻略②

「差異」でもあり、「類似」でもある!?「差異」と「類似」の〝転換〟に注意しよう!

第1講では「**差異**」と「**類似**」に注目して、文章を分けて整理することを学びました。

今回も「**差異**」と「**類似**」に注意しながら文章の展開をつかんでいく方法を学びますが、前回よりも少しだけ難しくなります。

本文中に書かれている内容を「**差異**」や「**類似**」に分けながら読んでいくと、**「差異」の関係にあったものが、「類似」の関係でもある**と気づくことがあります。

第1講でも挙げた例ですが、「カフェオレ」と「カフェラテ」の「**差異**」に注目すると、「『カフェオレ』はドリップコーヒーを使った飲み物であるのに対し、『カフェラテ』はエスプレッソを使った飲み物である」と説明できます。

しかし、この二つの「**類似**」している点に注目すると、「『カフェオレ』も『カフェラテ』も、ミルクを使った飲み物である」という説明になります。

つまり、「カフェオレ」と「カフェラテ」は、「**差異**」でもあり、「**類似**」でもあるということですね。図にすると次のようになります。

今回は身近な例を挙げましたが、現代文の文章でもこれと同じように、**「差異」でもあり「類似」でもあるパターン**や、**新たな例が加わって「差異」や「類似」になるパターン**などがよく見られます。特に、「**差異**」の関係にあったものについて新たに「**類似**」している点が示されると、うまく整理できなくなって混乱してしまうケースが多いのではないでしょうか。

ここで大切なのは、「**差異**」でもあり「**類似**」でもあるというパターンが存在することを覚えておくことと、両者に存在する「共通点」を確認して「**類似**」をつかむことです。

「差異」でもあり「類似」でもあるパターンでは、それぞれの「違い」だけでなく、両者の「共通点」も確認する。

また、新たな例が加わった際にもあわてる必要はありません。これまでとは視点を変えて「**差異**」や「**類似**」をつかむようにしましょう。

新たな例が加わるパターンでは、視点を変えて「差異」や「類似」をつかむ。

本文中に「**差異**」が出てきたときに、その二つを対立するものと決めつけるのはよくありません。論理展開によっては「**類似**」の関係に変わったり、新たな論点が登場したりすることもありますので、注意してくださいね。

それでは、実際の入試問題を解きながら、「**差異**」の関係が「**類似**」の関係に転換するものを確認してみましょう。

【別冊】問題編 ▼12ページ

演習の目安時間 25分

読む

次の文章を読んで、後の問いに答えよ。

① 現代社会において「科学的」であることは、知識や技術が信頼に足るものであることのもっとも重要な条件とされている。このため、「○○は非科学的だ」ということばは、その知識や技術の妥当性を否定するものとして用いられる。これに対して、人類学ではむしろ「なぜ人びとは非科学的とされる営みをなしているのか？」（問題提起）が問われてきた。とりわけ多くの人類学者が注目してきたのが「呪術」と呼ばれる営みである。呪術と言われてもピンとこないだろう。たとえば（具体例）、世界中のさまざまな慣習を人類の進化という観点から統一的に理解しようとする進化主義人類学を推進した※ジェームズ・フレイザーは、『金枝篇』（原著初版一八九〇年）において、[1]呪術的な慣習を次のように列挙している。

例1　北米先住民のオジブウェイの人びとが誰かに危害を加えようとする際には、狙う人物を表す小さな木像を作り、頭部または心臓部に針を打ち込んだり矢を射込んだりする。こうすると、狙いをつけた人物はまったく同時に、針の刺された箇所や矢の当たったところに相当する肉体の部分に、たちまち激痛を起こすと信じられている。

例2　南スラブ人の乙女は、自分の好きな若者のつけた足跡の土を掘り取って、それを花鉢の中に入れる。その鉢に決してしぼむことがないという金盞花《キンセンカ》を植える。すると草花が成長して金色の花を開き、その花が決してしぼまないのと同じように恋人の愛もまた成長して花を開き、愛は決してしぼむことがない。

第一意味段落

まずは、現代社会における考え方と人類学の考え方の「差異」に注目して読んでいきましょう。

現代社会　知識や技術が信頼に足らないものを「非科学的」だと考える

⇔差異

人類学　非科学的な営み（＝呪術）に注目する

具体例が出てきたら、どのグループに分類されるかを考えて、情報を整理していきます。

②まとめ いずれの例も、科学が解明するような客観的な事実ではなく、人びとが好き勝手に「信じている」世界のあり方を示しているように思えるだろう。ただし、答え さまざまな現象に原因と結果の連なりを見つけだそうとするという点では、間違ってはいるが科学的な思考の萌芽《ほうが》のように見えるかもしれない。一九世紀の進化主義人類学者もまた、そのように考えた。具体例（『原始文化』（原著初版一八七一年）において※エドワード・B・タイラーは、呪術を、対象間の偶然の結びつきを心的な観念の連合にもとづいて因果関係と取り違える営為としてとらえている。タイラーの議論を踏まえながら、フレイザーは『金枝篇』において、呪術は誤った理解にもとづいて自然に働きかける「発育不全の技術」であると論じた。）呪術は、たんに誤った科学であるだけではない。人類進化の歴史において近代科学の前段階を占める原始的な科学技術とされたわけだ。

③さらにフレイザーは、観念連合のあり方から呪術を二つの類型に分類した。第一に、類似の原理による連合（AとBは似ている⇒Aに働きかけるとBにも／からも作用が伝わる）にもとづく「類感呪術」であり、第二に接触の原理による連合（AとBは結びついている⇒Aに働きかけるとBにも／からも作用が伝わる）にもとづく「感染呪術」である。例1は類感呪術に、例2は感染呪術に対応している。例2の後半に類似の原理が含まれている（中略）ように、多くの具体例において両者は混ざりあっている。

④だが、こうした非科学的に見える営みは、私たちの日常生活にも簡単に見いだすことができる。『金枝篇』の語り口を真似《まね》て、二つの例を挙げてみよう。

具体例（例3　現代の日本では「コラーゲンを摂《と》るとお肌がプルプルになる」と信じられている。コラーゲンを含む食材としておもに言及されるのは、手羽先、フカヒレ、豚足など、表皮の食感がプルプルしている食材であり、コラーゲン入りの美容製品にもしばしばゼラチンなどを用いてプルプルした食感が加えられている。

「いずれの例も」という言葉でここまでの内容をまとめています。

進化主義人類学者
呪術＝原始的な科学技術

例1と例2を分類しましょう。

例1…類感呪術
例2…感染呪術・類感呪術

第二意味段落

「だが」の後では、わたしたちの日常生活でも非科学的な営みを見出すことができると、主張の方向を転換します。

例4　日本では、思春期を迎えた少女は、自分の衣服が父親の下着と同じ洗濯機に入れられることを拒否する。下着に付着した父親の汚れが、洗濯をつうじて自分の衣服に付着すると信じられているからである。）

> 例3と例4を分類しましょう。
> 例3 …類感呪術
> 例4 …感染呪術

⑤　例3は類似にもとづく類感呪術、例4は接触にもとづく感染呪術だ。ふだんから合理的で科学的な思考が大事だとわかっているはずの私たち**もまた**、観念の連合を因果関係と取り違える呪術的思考にとらわれている、困ったものだ。そう思うかもしれない。**だが**、**こうした**例を考えると、進化主義人類学のように呪術を劣った科学としてみなすことは適切なのかという疑問も生まれる。（「お父さんのパンツと一緒に洗濯しないで！」と叫ぶ少女に、母親が具体的な実験データを示しながら「洗濯機による洗浄において汚れが伝播《でんぱ》することを示す科学的根拠はありません」と反論しても、「そういうことじゃない！」と返されるだけだろう。）

（問題提起）（具体例）

> ▼分類のまとめ
> ・類感呪術 例1 例2 例3
> ・感染呪術 例2 例4

⑥　呪術には[3]科学技術とは**異なる**効用があるのかもしれない。**そのような**発想を練り上げていったのが、二〇世紀前半の機能主義人類学者たちだった。

（答え）

> 第三意味段落
>
> 第三意味段落では、先ほどの問題提起に対する「答え」が展開されます。

⑦　（※マリノフスキーは、『西太平洋の遠洋航海者』（原著初版一九二二年）において、呪術の機能主義的な分析を提示している。彼が調査したトロブリアンド諸島に暮らす人びとは、カヌーの制作や耕作においては経験にもとづいた合理的な知識と技法を用いるが、それらの実践にはしばしば呪術がともなう。マリノフスキーは、危険の少ない珊瑚礁《さんごしょう》で行われる漁には呪術が用いられないのに対して危険で不確実な外海での漁では呪術的儀礼が発達している、といった観察にもとづき、技術によって自然を支配できなくなる時点で心理的な安心や希望を得るために呪術が用いられると論じた。呪術は、[X]な機能をもつことによって[Y]な実践と共存している。彼の議論は、客観と主観を対置する発想に慣れた私たちにとっても理解しやすい。コラーゲンを摂るという行為**もまた**、歳を重ね次第に変化していく肌の状態にともなう心理的な困

（具体例）

> 進化主義人類学者
> 呪術＝劣った科学
> ⇔
> 機能主義人類学者
> 呪術＝科学とは異なる効用があるもの

惑や不安に対して安心や希望を得るという機能をもつ呪術として説明できるだろう。）

⑧ 個人単位の心理的機能を重視したマリノフスキーの機能主義呪術論[4]に対して、※アルフレッド・R・ラドクリフ＝ブラウンらが推進した構造機能主義[5]においては、より広範な社会的文脈において呪術がとらえられていく。構造機能主義は、個々の現象や制度をそれらが社会全体において果たす機能においてとらえる※デュルケームの社会学的発想を人類学に導入した。そのうえで、社会を支える諸機能（生業、技術、経済、親族、政治、宗教など）を詳細に記述したうえで、それらがいかに関係しあいながら社会全体の統合に寄与しているかを分析する方法論を確立した。そこでしばしばとりあげられたのは、例1のような、超自然的な力によって他者に危害を加える呪術的行為としての「妖術」である。

⑨ （具体例 妖術は、銃殺などの実用的な殺人行為にともなうものではなく、合理的な手段で制御しきれない実践に心理的効果を付加するというマリノフスキー流の説明は適用しにくい。これに対して構造機能主義では、社会の統合に寄与する機能という観点から妖術がとらえられる。たとえば、近隣の人びとや近親間での関係の悪化が妖術の結果としてとらえられることで社会的緊張が可視化され、貧者に資産を分け与えない貪欲な富者や規範から逸脱した人間が妖術師として告発されることで社会規範が維持される。こうして、妖術をつうじて人びとの社会的な関係がつなぎなおされていく。）（具体例「お父さんのパンツと一緒に洗濯しないで！」という叫びもまた、洗濯によって汚れが伝播するという非科学的な因果関係を信じて発せられているのではなく、家族というミクロな社会関係において父と娘のあいだに生じた緊張を明るみにだし、より距離のとれた関係につくりかえる機能をもつと説明できる。）

（久保明教「呪術と科学」による）

機能主義呪術論
個人単位の心理的機能を重視
（例3）
⇔
構造機能主義
社会の統合に寄与する機能を重視
（例1・例4）

進化主義人類学の考えでは例1と例4は「差異」の関係でしたが、機能主義人類学の「構造機能主義」の考えでは例1と例4は「類似」の関係になっていることを確認しましょう。

以上のように、具体例の「差異」と「類似」に注意しながら整理することで、内容を正しくとらえることができました。

意味段落ごとに、説明されている内容をつかもう

第一意味段落（1～3段落）

現代社会――非科学的な知識や技術は信頼しない

⟺

人類学――非科学的な営み（呪術）に注目する

進化主義人類学者……呪術とは近代科学の前段階を占める原始的な科学技術だ

類感呪術――AとBは似ている⇓Aに働きかけるとBにも／からも作用が伝わる

⟺

感染呪術――AとBは結びついている⇓Aに働きかけるとBにも／からも作用が伝わる

第二意味段落（4～5段落）

私たちの日常生活にある非科学的な営み

- 「コラーゲンを摂るとお肌がプルプルになる」……類感呪術
- 「お父さんのパンツと一緒に洗濯しないで！」……感染呪術

科学的思考が大事だとわかっている現代人も呪術のような営みを行っている

⬅

呪術を劣った科学としてみなすことは適切なのか？

第三意味段落（6～9段落）

機能主義人類学者……呪術には科学技術とは異なる効用がある

機能主義呪術論――個人単位の心理的機能を重視した

⟺

構造機能主義――社会の統合に寄与する機能を重視した

- 「コラーゲンを摂るとお肌がプルプルになる」……個人単位の心理的機能
- 「お父さんのパンツと一緒に洗濯しないで！」……社会の統合に寄与する機能

解く

問1 傍線部内容説明問題

傍線部の内容を説明する問題ですが、今回はふさわしくないものを選ぶというところに注意しましょう。
まず傍線部を含む一文を分析しましょう。

本文5行目のここから！

> たとえば、世界中のさまざまな慣習を人類の進化という観点から統一的に理解しようとする進化主義人類学を推進した※ジェームズ・フレイザーは、『金枝篇』（原著初版一八九〇年）において、[1]呪術的な慣習を次のように列挙している。

まず、「ジェームズ・フレイザー」は人類学者の**具体例**として挙げられています。そして、「呪術的な慣習」については、この後ろで説明されるとわかります。

例1と例2がありますが、その直後の16行目のところに「いずれの例も」という言葉があり、ここから「呪術的な慣習」に対するさまざまな見解がまとめられています。

ただ、この問題を考える際には、ぜひ傍線部を含む一文の「前」を見てください。

る。

ものとして用いられる。これに対して、人類学ではむしろ「なぜ人びとは非科学的とされる営みをなしているのか？」が問われてきた。とりわけ多くの人類学者が注目してきたのが「呪術」と呼ばれる営みである。

本文2行目のここから！

「〇〇は非科学的だ」ということばは、その知識や技術の妥当性を否定する

ここに、「これに対して」という覚醒Check!▶「差異」のフレームがあります。「これに対して」の前では、「非科学的だ」と断じる様子が書かれていて、「これに対して」の後では、人類学が「呪術」という営みに注目する様子が書かれています。「これに対して」の前の内容は、人類学とは異なるものですね。「非科学的だ」ということばは「知識や技術の妥当性を否定」するものとして用いられると説明されています。

とすると、③の「知識や技術の妥当性を否定するものとして用いられる前近代科学的な営み。」は、人類学の観点からの説明ではないため、ふさわしくないですね。正解は③です。

他の選択肢を検討してみましょう。

①の「原因と結果の間につながりを見出そうとする、いわば科学的な思考の萌芽」、②の「偶然の結びつきを観念の連合にもとづいて必然的な関係と取り違えた営為」、④の「科学的根拠はないものの、近代科学の前段階に位置づけられる発育不全の技術」は、いずれも「これに対して」の後に書かれている、「人類学」の観点からの「呪術的な慣習」についての説明です。

問2 傍線部内容説明問題

傍線部の内容を説明する問題です。まず傍線部を含む一文を分析しましょう。

本文27行目のここから！

例2の後半に類似の原理が含まれている（中略）ように、多くの具体例において両者は混ざりあっている。

傍線部を分析すると、「類似の原理」というポイントをとらえて、例2を見ればよいということがわかります。これをふまえて、傍線部2を含む第3段落全体を見てみましょう。

本文24行目のここから！

さらにフレイザーは、観念連合のあり方から呪術を二つの類型に分類した。第一に、類似の原理による連合（AとBは似ている⇒Aに働きかけるとBにも／からも作用が伝わる）にもとづく「類感呪術」であり、第二に接触の原理による連合（AとBは結びついている⇒Aに働きかけるとBにも／からも作用が伝わる）にもとづく「感染呪術」である。例1は類感呪術に、例2は感染呪術に対応している。例2の後半に類似の原理が含まれている（中略）ように、多くの具体例において両者は混ざりあっている。

「類似の原理」とは、「AとBは似ている⇒Aに働きかけるとBにも／からも作用が伝わる」という考え方であるとわかりました。

次に、例2の後半を見て、〝何と何が似ているのか〟をとらえましょう。

本文12行目のここから！

例2　南スラブ人の乙女は、自分の好きな若者のつけた足跡の土を掘り取って、それを花鉢の中に入れる。その鉢に決してしぼむことがないという金盞花《キンセンカ》を植える。すると草花が成長して金色の花を開き、その花が決してしぼまないのと同じように恋人の愛もまた成長して花を開き、愛は決してしぼむことがない。

覚醒Check!▶ **「AはXである。BもまたXである」という「類似」のフレーム**に注目すると、「金盞花」と「恋人の愛」が似ているということになります。このことをふまえて正解を選びましょう。

正解は、②「南スラブ人の乙女は、自分の好きな若者のつけた足跡の土で育てた金盞花が成長するのと同じように、恋人の愛も成長すると信じている。」です。ここにも「同じように」と「も」という**「類似」のフレーム**がありますね。

他の選択肢を検討してみましょう。

①は、「自分の好きな若者のつけた足跡の土を、その人本人と同じように慈しむ」が誤りです。「金盞花」の内容がありません。

③は、「南スラブ人の乙女は、自分の好きな若者のつけた足跡の土で育てた草花がしぼむ」が誤りです。「決してしぼむことがないという金盞花」です。

④は、「好きな相手と同じような好ましい花が咲く」が誤りです。「恋人の愛も金盞花と同じようにしぼむことがない」というのが類似点のポイントでした。

問3 傍線部内容説明問題

傍線部の内容を説明する問題です。まず傍線部を含む一文を見てみましょう。

本文44行目のここから！

呪術には3科学技術とは**異なる**効用があるのかもしれない。

傍線部を含む一文を分析すると、「呪術」の「効用」を説明すればよいということがわかります。しかもそれは、「**科学技術**とは**異なる**」ものですね。**覚醒Check!▶「差異」**に気をつけながら、本文で説明されている箇所を探しましょう。

本文46行目のここから！

※マリノフスキーは、『西太平洋の遠洋航海者』（原著初版一九二二年）において、呪術の機能主義的な分析を提示している。彼が調査したトロブリアンド諸島に暮らす人びとは、カヌーの制作や耕作においては**経験にもとづいた合理的な知識と技法を用いる**が、それらの実践にはしばしば呪術がともなう。マリノフスキーは、**危険の少ない珊瑚礁《さんごしょう》で行われる漁には呪術が用いられない**のに対して危険で不確実な外海での漁では呪術的儀礼が発達している、といった観察にもとづき、技術によって自然を支配できなくなる時点で心理的な安心や希望を得るために呪術が用いられると論じた。呪術は、［X］な機能をもつことによって［Y］な実践と共存している。彼の議論は、客観と主観を対置する発想に慣れた私たちにとっても理解しやすい。コラーゲンを摂るという行為もまた、歳を重ね次第に変化していく肌の状態にともなう心理的な困惑や不安に対して安心や希望を得るという機能をもつ呪術として説明できるだろう。

マリノフスキーの「技術によって自然を支配できなくなる時点で心理的な安心や希望を得るために呪術が用いられる」という分析が挙げられています。

これに続く部分も確認します。

本文55行目のここから！

個人単位の心理的機能を重視したマリノフスキーの[4]機能主義呪術論に対して、※アルフレッド・R・ラドクリフ＝ブラウンらが推進した[5]構造機能主義においては、より広範な社会的文脈において呪術がとらえられていく。構造機能主義は、個々の現象や制度をそれらが社会全体において果たす機能においてとらえる。※デュルケームの社会学的発想を人類学に導入した。そのうえで、社会を支える諸機能（生業、技術、経済、親族、政治、宗教など）を詳細に記述したうえで、それらがいかに関係しあいながら社会全体の統合に寄与しているかを分析する方法論を確立した。そこでしばしばとりあげられたのは、例1のような、超自然的な力によって他者に危害を加える呪術的行為としての「妖術」である。

妖術は、銃殺などの実用的な殺人行為にともなうものではなく、合理的な手段で制御しきれない実践に心理的効果を付加するというマリノフスキー流の説明は適用しにくい。これに対して構造機能主義では、社会の統合に寄与する機能という観点から妖術がとらえられる。

アルフレッド・R・ラドクリフ＝ブラウンらが推進した「構造機能主義」が説明されています。「構造機能主義」では、「社会の統合に寄与する機能という観点から妖術がとらえられる」のですね。

これらをふまえると、ここでは、人類学者たちが分析した「呪術の効用」が二つ挙げられていることがわかります。一つは、「技術によって自然を支配できなくなる時点で心理的な安心や希望を得る」という効用、もう一つは、「社会全体の統合に寄与する」という効用です。

正解は、①「技術では支配できない事象について、個人が抱く心理的な困惑や不安に対して安心や希望を与えるという機能。」となります。これはマリノフスキーの分析によるものでしたね。

他の選択肢を検討してみましょう。

②は、「分析する機能」が誤りです。「分析」は呪術の「効用」ではありません。「分析」をするのは、**省略された主部**である「構造機能主義」ですね。文の構造に注意しましょう。

③は、「社会的に弱い立場の者が、超自然的な方法に訴えることで、自身が抱えている孤独や不安を軽減させる」が誤りです。「社会的に弱い立場の者」という説明が、本文にありません。

④は、文章に全く記述がないため、誤りとなります。

問4 空欄補充問題

空欄にふさわしい語句を入れる問題です。空欄のある文を分析して、解答の根拠を探しましょう。

本文51行目のここから！

呪術は、 X な機能をもつことによって Y な実践と共存している。

呪術がどのような機能をもつかがわかれば、X に入るものがわかります。本文で根拠を探しましょう。

本文46行目のここから！

※マリノフスキーは、『西太平洋の遠洋航海者』（原著初版一九二二年）において、呪術の機能主義的な分析を提示している。彼が調査したトロブリアンド諸島に暮らす人びとは、カヌーの制作や耕作においては経験にもとづいた合理的な知識と技法を用いるが、それらの実践にはしばしば呪術がともなう。マリノフスキーは、危険の少ない珊瑚礁《さんごしょう》で行われる漁には呪術が用いられないのに対して危険で不確実な外海での漁では呪術的儀礼が発達している、といった観察にもとづき、技術によって自然を支配できなくなる時点で心理的な安心や希望を得るために呪術が用いられると論じた。呪術は、X な機能をもつことによって Y な実践と共存している。彼の議論は、客観と主観を対置する発想に慣れた私たちにとっても理解しやすい。コラーゲンを摂るという行為もまた、歳を重ね次第に変化していく肌の状態にともなう心理的な困惑や不安に対して安心や希望を得るという機能をもつ呪術として説明できるだろう。

53行目の「もまた」という言葉に注目しましょう。これは覚醒Check!▶「類似」を示します。ここでは、これまでに説明されてきた内容を私たちの身近な出来事にあてはめて説明していますね。この「心理的な困惑や不安に対して安心や希望を得るという機能」という部分を根拠にして、「X な機能」を考えます。X には、心理的な安心を得るという説明から、「心理的」が入るとわかります。

次に、「Y な実践」を考えます。ここでは、Y を含む一文の覚醒Check!▶「主語」が「呪術は」であることが非常に重要です。

呪術は《主語》、［Y］な実践と共存している《述部》。

「呪術が用いられる」のは、どのようなときでしたか？

それは、「危険で不確実な外海での漁」をするときなどでした。トロブリアンド諸島に暮らす人びとが呪術を用いるのは、危険で不確実なことを実際に行うときですね。この「実際に行う」という意味を持つ言葉は、「実用的」です。

正解は、①「X　心理的　Y　実用的」となります。

他の選択肢を検討してみましょう。

②は、Yに「心理的」がある点が誤りです。

③は、Yに「合理的」がある点が誤りです。先ほども確認しましたが、主語が「呪術は」になっている点に注意しましょう。

④は、Xが「実用的」、Yが「観念的」で、それぞれに入るべきものが反対になっているため、誤りです。

問5　傍線部内容説明問題

傍線部の内容を説明する問題です。まずは傍線部を含む一文を見てみましょう。

本文55行目のここから！

個人単位の心理的機能を重視したマリノフスキーの機能主義呪術論に対して、アルフレッド・R・ラドクリフ＝ブラウンらが推進した構造機能主義においては、より広範な社会的文脈において呪術がとらえられていく。

傍線部を含む一文を分析すると、「機能主義呪術論」と「構造機能主義」は 覚醒Check!▶「差異」の関係にあるとわかります。「に対して」という「差異」のフレームに注意しましょう。

次に、本文で解答の根拠を探します。「機能主義呪術論」と「構造機能主義」については、読むのところでも確認しましたね。

機能主義呪術論　**個人単位の心理的機能を重視した**

⇔

構造機能主義　**社会の統合に寄与する機能を重視した**

これをふまえて正解を選びましょう。

正解は、③「前者は、個人の心理的機能を重視し、呪術は合理的な手段で制御しきれない実践に心理的効果を付与するという考え方であり、後者は社会の統合に寄与する機能という観点から妖術をとらえている。」となります。

他の選択肢を検討してみましょう。

①は、前者を「銃殺など実用的な殺人行為にともなうものとする」と説明していますが、本文では「妖術は、銃殺などの実用的な殺人行為にともなうものではなく」と、否定されています。また、後者は「近隣の人びとや近親間での関係の悪化を可視化する」となっていますが、「可視化」されるのは「社会的緊張」です。前者も後者も本文の表現が使われていますが、内容が変わっていますね。

②は、「前者」と「後者」の説明が反対になっているので誤りです。

④は、「前者は、呪術を個人と社会をつなぎなおすための営為とする考え方」が誤りです。先ほど確認したように、「機能主義呪術論」は個人単位の心理的機能を重視したものですから、前者に「社会」という説明が入っている選択肢は正解になりません。「**差異**」を整理できていれば間違えずにすみますね。

問6 内容真偽問題

本文をもとにして、選択肢の内容が正しいかどうかを判断する問題です。今回は、「明らかに合致しないもの（＝正しくないもの）」を選びましょう。

正解は、③「北米先住民のオジブウェイの人びとは、誰かに危害を加えようとする際に、標的の人物の代わりに小さな木像を作り、それを傷つけることで、対象の人物にも痛みを与えられると信じている。こういった行為に成功し、妖術師として認められた者が、富の再分配や社会規範の維持を担うと考えることができる。」です。

「社会規範の維持」というポイントは「構造機能主義」の考え方なので、第⑧段落、第⑨段落を見てください。すると、第⑨段落に次の文が見つかります。

本文64行目のここから！

たとえば、近隣の人びとや近親間での関係の悪化が妖術の結果としてとらえられることで社会的緊張が可視化され、貧者に資産を分け与えない貪欲な富者や規範から逸脱した人間が妖術師として告発されることで社会規範が維持される。

これを確認すると、「こういった行為に成功し、妖術師として認められた者が、富の再分配や社会規範の維持を担うと考えることができる」などとは書いていないので、誤りだとわかります。

他の選択肢を検討してみましょう。

①は、「機能主義呪術論」の具体例なので、問5で考えたことをもとにすれば正しいとわかります。

②は、「例2」の説明であり、問2の説明を見れば正しいとわかります。

④は、「構造機能主義」の説明であり、問5でその内容を確認しましたね。

問7 内容真偽問題

本文に登場した人物の説明をする問題です。文章のどこに何が書かれていたかを確認すれば、正解できます。

正解は、④「マリノフスキーは、制御が困難な自然環境下で実践を行う際に、人々が呪術を用いると説いた。」となります。「機能主義呪術論」をとらえていれば、これが正しいとわかります。

他の選択肢を検討してみましょう。

①は、「エドワード・B・タイラー」ではなく「フレイザー」の説明であるため、誤りとなります。**第一意味段落**の要旨を確認しましょう。

②は、「デュルケーム」ではなく「構造機能主義」の「アルフレッド・R・ラドクリフ＝ブラウン」の説明であるため、誤りとなります。「デュルケーム」は「構造機能主義」の根拠となる考え方を主張した人です。**第三意味段落**の要旨を確認しましょう。

③は、「アルフレッド・R・ラドクリフ＝ブラウン」ではなく「フレイザー」の説明であるため、誤りとなります。**第一意味段落**の要旨を確認しましょう。

解答（50点満点）

問1 ③（7点）
問2 ②（7点）
問3 ①（7点）
問4 ①（7点）
問5 ③（7点）
問6 ③（7点）
問7 ④（8点）

今回の文章では、まず「類感呪術」と「感染呪術」の違いが説明されていたので、具体例をそれぞれに分けて整理していく必要がありました。例1は「類感呪術」の例でしたが、例2は「感染呪術」と「類感呪術」の両方の例でした。ここで「**差異**」と「**類似**」を両方つかむ必要がありましたね。また、例3の「コラーゲンを摂るとお肌がプルプルになる」は「類感呪術」の例で、例4の「お父さんのパンツと一緒に洗濯しないで！」は「感染呪術」の例でしたが、この後に出てきた「機能主義呪術論」と「構造機能主義」の違いの説明では、例3は「機能主義呪術論」に、例4は「構造機能主義」に分けることができます。新たな「**差異**」をつかんで分類していくことが求められましたね。

複数の「差異」や「類似」の視点を持って、柔軟に整理していくようにしましょう。

覚醒ポイント

単純な「差異」と「類似」だけでなく、「差異」でもあり「類似」でもあるパターンや、新たな例が加わって「差異」や「類似」になるパターンもあるので、複数の視点を持ち、文章の展開に応じて整理する。

第3講 「**つなげる**」タイプの攻略①

「主張」だけが書かれることはない！「主張」と「根拠」は必ずセットでとらえる！

今回から、「**つなげる**」タイプの文章について学んでいきましょう。

「**つなげる**」ことを「**論証**」と言います。これは、筆者が「**根拠（理由）**」を示して自分の「**主張**」に「**つなげる**」ということです。言い換えれば、**筆者が自分の考えを主張するときには、必ず根拠（理由）がある**ということになります。

実際の文章ではどのように出てくるのでしょうか。

大学入試では、常識を覆《くつがえ》すような主張を展開するタイプの「哲学的な文章」がよく出題されます。常識を覆すような主張があると、読者は「なんで!?」と感じますよね。

たとえば、今回学習する文章には「私が歩くとき、私は『歩こう』という意志をもって歩いているとは言えない」ということが書かれています。「え、なんで⁉　普通は『歩こう』という意志をもって歩くはずなのに……」と感じた人も多いと思います（筆者がこのように主張する「根拠」は、ぜひ本文を読んで問題を解く中で明らかにしてくださいね）。

こうした「なぜ⁉」「どうして⁉」に「**根拠**」を示して答えながら、自分の最終的な「**主張**」へと導いていくのが「**つなげる**」タイプの文章です。**常識を覆す意外な「飛躍」があった場合には、ていねいに「根拠」を探していきましょう。**

常識を覆す内容が出てきたら、「根拠→主張」のつながり（論証）に注意しながら読む。

文章の中で「**主張**」だけが書かれることはありません。「**根拠**」を示さないと、「なんで⁉」で終わってしまい、読者に自分の「**主張**」が伝わらないので、必ず「**主張**」と「**根拠**」はセットで書かれます。**「主張があったら根拠がある。根拠があったら主張がある」**という意識を持ちながら文章を読み進めることが大切です。

それでは、実際の入試問題で「**つなげる**」タイプを確認してみましょう。

【別冊】問題編▼20ページ

演習の目安時間　25分

読む

次の文章を読んで、後の問いに答えよ。

私はたえず何ごとかをなしている。しかし、私が何ごとかをなすとはどういうことなのか？［問題提起］歩くという例を考えてみよう。私が歩く。（そのとき私は「歩こう」という意志をもって、この歩行なる行為を自分で遂行しているように思える。）［一般論］

しかし、ア事はそう単純ではない。［主張］

［根拠①］歩く動作は人体の全身にかかわっている。人体には二〇〇以上の骨、一〇〇以上の関節、約四〇〇の骨格筋がある。それらがきわめて繊細な連携プレーを行うことによってはじめて歩く動作が可能になるわけだが、私はそうした複雑な人体の機構を自分で動かそうと思って動かしているわけではない。

実際、あまりに複雑な人体の機構を、意識という一つの司令塔からコントロールすることは不可能であり、身体の各部は意識からの指令を待たず、各部で自動的に連絡をとりあって複雑な連携をこなしていることが知られている。

歩く動作が可能になったとしても、それだけで歩くという行為が可能になるわけではない。歩くためには歩くことを可能にする外的な条件があらかじめ整備されていないといけない。足の接する場所は水平に近く、ある程度の硬度をもち、適度に固定されていなければならない。急な斜面、グニャグニャしたところ、グラグラしたところは歩けない。

［根拠②］また、厳密に考えれば、歩くときに足下でまったく同じ条件が繰り返されるということはありえないので

第一意味段落

まずは、筆者による問題提起「私が何ごとかをなすとはどういうことなのか？」の答えを探していきましょう。

私が何ごとかをなすとは？

⬅ **一般論** △ 意志をもって行為を遂行しているように思える

⬌ **主張** ◎ 事はそう単純ではない

常識的な「一般論」を否定して「主張」が書かれていたら、その根拠を探しましょう。

根拠① 人体は複雑で、意識でコントロールすることは不可能

＋ **根拠②** 行為には、外的な条件が整備

あって、踏み出された一歩一歩が踏みしめる場所は一つ一つ違う。**したがって**、歩行する身体は、毎度毎度異なる外的条件にも対応しなければならない。

さて、こうして歩く動作と歩く行為が可能になったとして、**では**、それが私の思った通りに遂行されているのかというと、（根拠③）イ これも**また**疑わしい。

歩くといってもさまざまな歩き方がある。私が自分で特定の歩き方を意識して選んだのかというと**必ずしもそうではない**。私は生まれてこの方、特定の歩き方を習得してきたのであり、ある意味では、その仕方で歩くことを強いられている。

（具体例）（**たとえば**、明治初期に近代的な軍隊がつくられた際、それまで農民だった兵士たちは西洋式の行進がうまくできなかったことがよく知られている。彼らにとって西洋式の歩き方は自然ではなかった。そもそも彼らは自分たちがどのように歩いているのかなど、意識したこともなかっただろう。）

私は行為していても、自分で自分の身体をどう動かしているのか、明瞭に意識しているわけ**ではない**。**したがって**、どう動かすのかを、明瞭な意識をもって選んでいるわけ**でもない**。

（具体例）（**たとえば**子どもは、駆けることはできてもジョギングができないことがある。「歩く」と「駆ける」の間にあるジョギングの動作は、ずいぶんと後になって習得されるものだ。**しかし**ひとたびジョギングができるようになると、われわれはそれが習得されたものであることを忘れてしまう。歩くという行為についても**同じ**ことが言えよう。）

さらに、（根拠④）ウ「歩こう」という意志が行為の最初にあるかどう**か**も疑わしい。

現代の脳神経科学が解き明かしたところによれば、脳内で行為を行うための運動プログラムがつくられた後で、その行為を行おうとする意志が意識のなかに現れてくるのだという。

されていなければならない

＋

根拠③ 自分の行為を意識して選んだわけではない

＋

根拠④ 意志が行為の最初にあるのかどうかも疑わしい

⇐

主張 人は意志をもって行為を遂行しているわけではない

脳内では、意志という主観的な経験に先立ち、無意識のうちに運動プログラムが進行している。しかもそれだけではない。意志の現れが感じられた後、脳内ではこの運動プログラムに従うとしたら身体や世界はどう動くのかが「内部モデル」に基づいてシミュレートされるのだが、その結果としてわれわれは、実際にはまだ身体は動いていないにもかかわらず、意志に沿って自分の身体が動いたかのような感覚を得る。（※熊谷晋一郎[引用]の表現を借りれば、「私たちは、目を覚ましているときにも内部モデルという夢の世界に住んでいる」。われわれは脳内でのシミュレーションに過ぎないものに、自分と世界のリアリティを感じながら行為しているということだ。）

私が何ごとかをなすとき、私は意志をもって自分でその行為を遂行しているように感じる。また人が何ごとかをなすのを見ると、私はその人が意志をもって自分でその行為を遂行しているように感じる。しかし、「自分で」がいったい何を指しているのかを決定するのは容易ではないし、そこで想定されているような「意志」を行為の源泉と考えるのも難しい。

（[一般論]われわれはしばしば行為を「意志の実現」[主張]と見なす。）しかし、[根拠①〜④より]以上の短い検討だけでも、そのような見方が少しも妥当でないことが分かる。これだけ多くの条件によって規定されているのだとすれば、行為はむしろ、それら諸条件のもとでの諸関係の実現と見なされるべきだろう。

このことは心のなかで起こることを例にするとより分かりやすくなるかもしれない。たとえば、[問題提起]「想いに耽《ふけ》る」といった事態はどうだろうか?

（[譲歩]私が想いに耽るのだとすれば、想いに耽るのはたしかに私だ。）だが、[根拠①]想いに耽るというプロセスがスタートするその最初に私の意志があるとは思えない。私は「想いに耽るぞ」と思ってそうするわけではない。何らかの条件が満たされることで、そのプロセスがスタートするのである。

主張
行為を「意志の実現」と見なすのは妥当ではない
むしろ
行為は諸条件のもとでの諸関係の実現と見なされるべき

第二意味段落

次は、「心のなかで起こること」に関して、「意志」の力は働いているのかどうかを考えます。

また、想いに耽るとき、私は心のなかでさまざまな想念が自動的に展開したり、過去の場面が回想として現れ出たりするのを感じるが、そのプロセスは私の思い通りにはならない。意志は想いに耽るプロセスを操作していない。

心のなかで起こることが直接に他者と関係する場合を考えてみると、事態はもっと分かりやすくなる。謝罪を求められた場合を考えてみよう。

私が何らかの過ちを犯し、相手を傷つけたり、周りに損害を及ぼしたりしたために、他者が謝罪を求める。その場合、私が「自分の過ちを反省して、相手に謝るぞ」と意志しただけではダメである。心のなかに「私が悪かった……」という気持ちが現れてこなければ、他者の要求に応えることはできない。そしてそうした気持ちが現れるためには、心のなかで諸々の想念をめぐる実にさまざまな条件が満たされねばならないだろう。

逆の立場に立って考えてみればよい。相手に謝罪を求めたとき、その相手がどれだけ「私が悪かった」「すみません」「謝ります」「反省しています」と述べても、それだけで相手を許すことはできない。謝罪する気持ちが相手の心のなかに現れていなければ、それを謝罪として受け入れることはできない。そうした気持ちの現れを感じたとき、私は自分のなかに「許そう」という気持ちの現れを感じる。

もちろん、相手の心を覗《のぞ》くことはできない。だから、相手が偽ったり、それに騙《だま》されたりといったことも当然考えられる。だが、それは問題ではない。重要なのは、謝罪が求められたとき、実際に求められているのは何かということである。

たしかに私は「謝ります」と言う。しかし、実際には、私が謝るのではない。私のなかに、私の心のなかに、謝る気持ちが現れることこそが本質的なのである。

こうして考えてみると、「私が何ごとかをなすI do something」という文は意外にも複雑なものに思えてく

▼「想いに耽る」場合

根拠① 「思いに耽るぞ」という意志があるわけではない 何らかの条件が満たされることで、心のなかのでプロセスがスタートする

＋

根拠② 心のなかで起こることのプロセスは意志で操作することはできない

▼謝罪の場合

根拠 ①「謝るぞ」という意志だけではダメである

＋

②心のなかに謝罪する気持ちが現れることが必要

第三意味段落

る。というのも、「私が何ごとかをなす」という仕方で指し示される事態や行為であっても、細かく検討してみると、私がそれを自分で意志をもって遂行しているとは言いきれないからである。（謝るというのは、私の心のなかに謝罪の気持ちが現れ出ることであろうし、想いに耽るというのも、そのようなプロセスが私の頭のなかで進行していることであろう。歩くことさえ、「（さまざまな必要条件が満たされつつ）私のもとで歩行が実現されている」と表現されるべき行為であった。）にもかかわらず、われわれはそうした事態や行為を、「私が何ごとかをなす」という仕方で表現する。カというか、そう表現せざるをえない。

「私が何ごとかをなす」という文は、「能動 active」と形容される形式のもとにある。たったいまわれわれが確認したのは、能動の形式で表現される事態や行為が、実際には、能動性のカテゴリーに収まりきらないということである。

（「私が歩く」という文が指し示しているのは、私が歩くというよりも、むしろ、私において歩行が実現されていると表現されるべき事態であった。）つまり、能動の形式で表現される事態や行為であろうとも、それを能動の概念によって説明できるとは限らない。（「私が謝罪する」ことが要求されたとしても、そこで実際に要求されているのは、私が謝罪することではない。私のなかに謝罪の気持ちが現れ出ることなのだ。）

能動とは呼べない状態のことを、われわれは「受動 passive」と呼ぶ。

受動とは、文字通り、受け身になって何かを蒙《こうむ》ることである。能動が「する」を指すとすれば、受動は「される」を指す。（たとえば「何ごとかが私によってなされる something is done by me」とき、その「何ごとか」は私から作用を受ける。）ならば、能動の形式では説明できない事態や行為は、それとちょうど対をなす受動の形式によって説明すればよいということになるだろうか？

（たしかに、謝罪することはもちろん、歩くことですら能動とは言いきれなかった。）だが、それらを受動で表

いよいよ、本題である「私が何ごとかをなす」について、結論を出します。

根拠 「謝る」「想いに耽る」「歩く」のいずれも、自分で意志をもって遂行しているとは言いきれない

主張 「私が何ごとかをなす」という文は複雑なものである

主張 能動の形式で表現される事態や行為であっても、能動の概念で説明できるとは限らない

問題提起 受動の形式によって説明すればよいということになるのか？

現することはとてもできそうにない。（具体例「私が歩く」を「私が歩かされている」と言い換えられるとは思えないし、謝罪が求められている場面で「私は謝罪させられている」と口にしたらどういうことになるかはわざわざ言うまでもない（謝罪しているときにそう思っている人は多いだろうが）。）

能動と受動の区別は、すべての行為を「する」か「される」かに配分することを求める。**しかし**、こう考えてみると、キこの区別は非常に不便で不正確なものだ。能動の形式が表現する事態や行為は能動性のカテゴリーにうまく一致しないし、だからといってそれらを受動の形式で表現できるわけでもない。

主張 **だが**、**それにもかかわらず**、われわれはこの区別を使っている。そしてそれを使わざるをえない。

（國分功一郎『中動態の世界』より）

答え 受動で表現することはとてもできそうにない

主張 受動と能動の区別は不便で不正確だが、使わざるをえない

第一意味段落（1～48行目）

「私が何ごとかをなす」とはどういうことなのか？

意志によって行為を遂行しているわけではない

例 歩く動作

根拠① 人体は複雑で意識によって動かしているわけではない

根拠② 行為には外的な条件が整備されていなければならない

根拠③ 自分の行為を意識して選んだわけではない

根拠④ 意志が行為の最初にあるのかどうかも疑わしい

⬅

意志によって行為を遂行しているわけではない
むしろ、行為は諸条件によって遂行される

第二意味段落（49～71行目）

心の中で起こることを例にするとよりわかりやすくなる

例 想いに耽る

根拠① 何らかの条件が満たされることでプロセスがスタートする

根拠② プロセスは意志で操作することはできない

例 謝る

根拠 意志だけではなく気持ちが現れることが必要

自分で意志をもって遂行しているとは言い切れない

第三意味段落（72〜98行目）

「私が何ごとかをなす」という文は、意外に複雑である

⬅

「能動」で説明できるとは限らないが、「受動」でも説明できない

⬅

「受動」「能動」という区別は不便で不正確だが、使わざるを得ない

解く

問1 傍線部理由説明問題

傍線部の理由を説明する問題です。覚醒Check! **理由説明問題では、傍線部の中に飛躍した部分があり、その飛躍を埋める説明をとらえます。**まずは傍線部を含む一文を分析してみましょう。

本文4行目のここから！

しかし、事はそう単純ではない《ア》。

傍線部アは、「事は（A）」→「単純ではない（X）」となっていて、ここに飛躍が見られます。

また、この文では「事」や「そう」というような「代名詞」や「指示語」が使われています。このような場合には、「代名詞」や「指示語」に内容を入れて考える必要があります。直前の部分を確認すると、「事」は「私が歩く」ことであり、「そう」は「（私が）『歩こう』という意志をもって、この歩行なる行為を自分で遂行している」ことであるとわかります。

すると、A→Xは、次のようになります。

A 「私が歩く」という事は

X 「歩こう」という意志をもって、この歩行なる行為を自分で遂行しているというほど単純ではない

このように、筆者は、みなさんの常識を覆すような飛躍した主張をしているので、この後の部分で説明を補い、飛躍を埋める「**論証**」をします。「**論証**」部分は、5〜48行目にあります。「**論証**」をまとめてみましょう。

根拠
①人体は複雑で意識によって動かしているわけではない
②行為には外的な条件が整備されていなければならない
③自分の行為を意識して選んだわけではない
④意志が行為の最初にあるのかどうかも疑わしい

主張
人は意志によって行為を遂行しているわけではない

今回は適切でないものを選ぶ問題ですから、この部分に書かれていないものが正解になります。

正解は、A「歩くときに『歩こう』という意志が意識のなかに現れることはないから。」です。33〜34行目に「脳内で行為を行うための運動プログラムがつくられた後で、その行為を行おうとする意志が意識のなかに

現れてくるのだという」とありますね。ここから、「『歩こう』という意志が意識のなかに現れることはない」というのが誤りであるとわかります。

他の選択肢を検討してみましょう。

BとCは、5〜10行目の部分に書かれています。Dは、11〜14行目に書かれています。Eは、15〜17行目に書かれていました。

問2　傍線部理由説明問題

傍線部の理由を説明する問題です。傍線部を含む一文を分析しましょう。

本文18行目のここから！

さて、こうして歩く動作と歩く行為が可能になったとして、では、それが私の思った通りに遂行されているのかというと、イこれもまた疑わしい。

傍線部イは、「これも（**A**）」→「疑わしい（**X**）」となっていて、「飛躍」が見られますね。Aの「これ」とは、直前の「それが私の思った通りに遂行されているのか」を指し示していて、さらに「それ」とは、「歩く動作と歩く行為」のことですね。

まとめると、**A→X**は、次のようになります。

A　歩く動作と歩く行為が私の思った通りに遂行されているのかも

⬅

X　疑わしい

ということで、「歩く動作と歩く行為が私の思った通りに遂行されているのか」について書かれている部分を本文で探しましょう。すると、20～31行目に説明がありました。

根拠

①私は生まれてこの方、特定の歩き方を習得してきたのであり、ある意味では、その仕方で歩くことを強いられている

②私は行為していても、自分で自分の身体をどう動かしているのか、明瞭に意識しているわけではない

⬅ **したがって**

主張

どう動かすのかを、明瞭な意識をもって選んでいるわけでもない

以上のように「**論証**」を整理することができれば、正解を選ぶことができます。

正解は、Ｅ「私は習得した特定の歩き方で歩かざるをえないし、歩いている最中にその動作を意識的に選択しているわけでもないから。」となります。根拠の①と②が両方入っていますね。

Aは、「もともとは私が意識して選んだものである」が誤りです。根拠の①と矛盾します。
Bは、「特定の歩き方でいつも歩いているわけではない」が誤りです。根拠の①と矛盾します。
Cは、「歩き方は、生まれたときには身についていたものであり」が誤りです。根拠の①と矛盾します。
Dは、「自然な歩き方は忘れられてしまい」が誤りです。忘れられたという記述はありません。

問3　傍線部理由説明問題

これまでの二問と同様に、傍線部の理由を説明する問題です。まずは傍線部を含む一文を分析しましょう。

本文32行目のここから！

さらに、ウ「歩こう」という意志が行為の最初にあるかどうかも疑わしい。

ここでは、次のような**A→X**が見られます。

A　「歩こう」という意志が行為の最初にあるかどうかも
↑
X　疑わしい

「意志」が最初にあって、その後「行為」が起こるという考え方に疑いを持っています。「意志」と「行為」の順番に関する説明は、傍線部ウの直後の33〜34行目にありました。

根拠 脳内で行為を行うための運動プログラムがつくられた後で、その行為を行おうとする意志が意識のなかに現れてくる

⬅

主張 **「歩こう」という意志が行為の最初にあるかどうかも疑わしい**

正解は、B「行為を行うための運動プログラムの作成が、その行為を行おうとする意志の現れに先行することが明らかにされているから。」となります。この選択肢では、「運動プログラム」→「意志」という順番が説明されています。

他の選択肢を検討してみましょう。

Aは、「意志に沿って自分の身体が動いたかのような感覚を得るのに先立って意思の現れを感じることはない」が誤りです。本文では、「意志の現れ」→「シミュレート」→「意思に沿って自分の身体が動いたかのような感覚」と説明されていました。

Cは、「意志という主観的経験に先立って身体が動く」、Dは、「行為は『内部モデル』に基づいた脳内でのシミュレーションに過ぎない」がそれぞれ誤りです。37～38行目に「われわれは、実際にはまだ身体は動いていないにもかかわらず、意志に沿って自分の身体が動いたかのような感覚を得る」とあり、「運動プログラム」と「実際の運動」は関係がないという説明があります。

Eは、「運動プログラムの作成と進行に関わる意志」が誤りです。本文では、「無意識のうちに運動プログラムが進行している」と書かれています。

問4 傍線部内容説明問題

傍線部の内容を説明する問題です。傍線部を含む一文を分析してみましょう。

本文57行目のここから！

心のなかで起こることが直接に他者と関係する場合を考えてみると、エ事態はもっと分かりやすくなる。

「心のなかで起こることが直接に他者と関係する場合」について説明されている部分と、「事態」について説明されている部分を、それぞれ探しましょう。

まず、「事態」とは、「行為を意志の実現と見なすのは妥当ではない」という、これまでの主張を指しています。そして、「心のなかで起こることが直接に他者と関係する場合」については、傍線部の直後の59〜62行目に書いてあります。これらをまとめると、次のようになります。

根拠 **「心のなかで起こる」場合**

①「心のなかで起こること」のプロセスのスタートの最初に意志はない

②意志は「心のなかで起こること」のプロセスを操作していない

根拠 **「心のなかで起こることが他者と関係する」場合**

①意志するだけではだめである
②心のなかに気持ちが現れる必要がある

主張 **行為を「意志の実現」と見なすのは妥当ではない**

この内容をもとにして正解を選びましょう。

正解は、C「他者にとってしばしば重要なことは、何ごとかが私の心のなかに現れることである。しかし、その現れは私の思い通りになるものではない。そのため、心のなかで起こることが直接に他者と関係する場合に注目すると、その思い通りにならないプロセスに焦点が合わせられる。ここに、行為を意志の実現とする見方が妥当ではないことが、わかりやすく示されるのである。」となります。

他の選択肢を検討してみましょう。

AとDは、「他者にとってしばしば重要なことは、私が私の心のなかの何ごとかを心のそとに表現することである」が誤りです。「心のそとに表現すること」ではなく「心のなかに気持ちが現れること」が重要なのです。

Bは、「他者にとってしばしば重要なことは、何ごとかを私の心のなかに起こそうと私が意志することである」が誤りです。筆者は一貫して「意志」は本質ではないと主張しています。

Eは「その現れが真正なものとして他者に認められるかどうかは、私の思い通りになるものではない」が本文にないため、誤りです。

問5 傍線部理由説明問題

傍線部の理由を説明する問題です。傍線部を含む一文を分析しましょう。

本文68行目のここから！

だが、それ《オ》は問題ではない

「それは（A）」→「問題ではない（X）」のカタチですね。まず、「それ」が指し示している内容を探します。すると、直前に「相手が偽ったり、それに騙《だま》されたりといったこと」とありました。

A→Xは、

A 相手が偽ったり、それに騙されたりといったことは

X 問題ではない

となります。

ちなみに、傍線部オの「問題」という言葉は「重要」という意味で用いられているので、何が「重要」なのかを考えます。すると、70〜71行目に「私のなかに、私の心のなかに、謝る気持ちが現れることこそが本質的

なのである」と書かれていました。つまり、何を言うかは問題ではなく、「心のなかに気持ちが現れる」ことが重要なのです。

正解は、D「相手が偽ったり、それに騙されたりといったことは当然考えられるにしても、それらのことは謝罪が謝罪であるための条件を変えるものではないから。」となります。「謝罪が謝罪であるための条件」とは「私のなかに、私の心のなかに、謝る気持ちが現れること」であり、何を言ったとしても、それは変わりません。

他の選択肢を検討してみましょう。

Aは、「一般的なケースであるとは考えられない」が、Bは、「多くの場合、すぐに騙されていることに気づく」が、Cは、「本当に相手が偽ったかどうか決定できない以上、考慮に入れないほうがよい」が、Eは、「日常的に生じることであり、倫理的に重大な問題ではない」が、それぞれ誤りです。いずれも、「心のなかに謝る気持ちが現れる」という「謝罪」の条件に関する説明がありません。

問6 傍線部理由説明問題

傍線部の理由を説明する問題です。傍線部を含む一文を分析してみましょう。

本文78行目のここから！

カ というか、そう表現せざるをえない。

この「そう」は、直前の「私が何ごとかをなす」を指しています。そして、「われわれはそうした事態や行為を、『私が何ごとかをなす』という仕方で表現する」のだとされています。

まずは、「そうした事態や行為」の内容をとらえましょう。

①謝るというのは、私の心のなかに謝罪の気持ちが現れ出ること
②想いに耽るというのも、そのようなプロセスが私の頭のなかで進行していること
③歩くことさえ、「(さまざまな必要条件が満たされつつ)私のもとで歩行が実現されている」と表現されるべき行為

ここがわかったら、これらの事態や行為について説明されている91~98行目の部分に注目します。

根拠
①能動と受動の区別は、すべての行為を「する」か「される」かに配分することを求める
②謝罪することはもちろん、歩くことですら能動とは言いきれなかった
③だが、それらを受動で表現することはとてもできそうにない

⬅

主張
「謝る」「想いに耽る」「歩く」という事態や行為を「私が何ごとかをなす」という仕方(=能動)で表現せざるをえない

この部分をふまえて正解を選びましょう。

正解は、A「能動の形式と受動の形式であらゆる事態や行為を表現せざるをえないとすると、受動の形式で表現できそうもない事態や行為を、必ずしも適切ではないとしても能動の形式で表現するしかないから。」となります。

他の選択肢を検討してみましょう。

Bは、「受動の形式で表現することのできる事態や行為であっても」が誤りです。「謝る」「想いに耽る」「歩く」は、受動の形式で表現することはできませんでした。

CとDは、「『私のもとで何ごとかが実現されている』という文」が誤りです。「そうした事態や行為」の指示内容がとらえられていません。

Eは、「『私が何ごとかをなす』という文は、『何ごとかが私によってなされる』という文よりも複雑ではなく誤解される余地が少ない」が誤りです。これは本文にない比較です。

問7 傍線部理由説明問題

傍線部の理由を説明する問題です。傍線部を含む一文を分析しましょう。

本文95行目のここから！

しかし、こう考えてみると、キこの区別は非常に不便で不正確なものだ。

傍線部を含む一文には「こう」と「この」という二つの指示語が使われています。これらが指し示す内容を確認してから「**論証**」しましょう。まず、「こう」は、「謝罪することはもちろん、歩くことですら能動とは言いきれなかった。だが、それらを受動で表現することはとてもできそうにない」という考え方のことですね。また、「この」区別とは、「すべての行為を『する』か『される』かに配分する」能動と受動の区別のことです。

まとめると、次のようになります。

A すべての行為を、能動か受動かに区別することを求める

← 歩くことですら、能動とは言いきれないが、受動で表現することもできない

X 能動と受動の区別は非常に不便で不正確なものだ

以上の「**論証**」をふまえて解答しましょう。

正解は、E「この区別は、能動とは言いきれないが受動ではない行為に適用された場合、その行為を十分には説明しない表現を生み出すから。」となります。

他の選択肢を検討してみましょう。

Aは、「行為者の自己理解とは合致しない表現を生み出す」が誤りです。「行為者の自己理解」はこの区別とは関係ありません。

Bは、「客観的には能動的だが主観的には受動的な行為に適用された場合」が、Cは、「主観的には能動的だが客観的には受動的な行為」が、それぞれ誤りです。「主観」か「客観」かという区別は、本文にありませんでした。

Dは、「『何ごとかが私によってなされる』という文でも表現されうる行為」が、誤りです。受動で表現することはできないのでした。

解答（50点満点）

問1　A（7点）
問2　E（7点）
問3　B（7点）
問4　C（7点）
問5　D（7点）
問6　A（7点）
問7　E（8点）

今回の問題を通して、**「A→X」の中に「飛躍」が見られるところが問題にされやすい**ということがわかってもらえたと思います。「**根拠**」を確認しながら本文を読む習慣をつけておくことで、「**A→X**」の「飛躍」について設問で問われた際にもあわてずに考えていくことができます。

最後に「**論証**」が具体的にどのような「型」でできているのかを確認しておきますね。これらの「型」を覚えておくと、さらに「**根拠**」がつかみやすくなります。

①単純な論証　「AだからB」

根拠 ➡ 主張

……一つの根拠から主張を導くもの

②論証の連鎖　「AだからB。したがってC」

根拠 ➡ 根拠 ➡ 主張

……根拠にさらに根拠があるもの

③結合論証　「AさらにB。したがってC」

根拠① ＋ 根拠② ➡ 主張

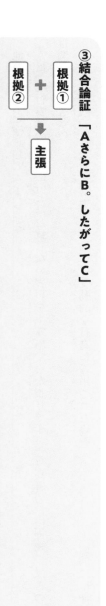

……根拠①と根拠②がセットになって一つの主張を導くもの

※二つの根拠のうちどちらかが否定されると論証は成立しない

④合流論証　「AまたB。したがってC」

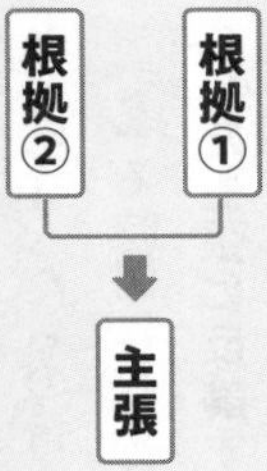

……一つの主張に対して異なる二つの根拠が述べられるもの

※仮にどちらか片方の根拠が否定されたとしても論証は成立する

覚醒ポイント

常識を覆す意外な「飛躍」が見られるところが問題にされやすい。本文を読むときには、「主張」とセットになる「根拠」をていねいに確認する。

第4講

「**つなげる**」タイプの攻略②

異なる意見に反論するには、反対意見の根拠を否定するのが効果的！

今回は、**筆者が自分とは異なる意見に対して反論する文章で使われる「論証」**を学びます。

突然ですが、こんなシーンをイメージしてください。一時間目の体育の授業中に、あるクラスメイトのスマホがなくなりました。そして、あなたの友人のA君に疑いの目が向けられました。もちろんA君は潔白です。あなたはA君を助けなければなりません。

A君を疑う人たちの言い分はこうです。「スマホを盗ったのはA君に違いない。その根拠は、みんなが体育をやっている時間に教室に戻ったのはA君だからだ」。

こうした主張に反論するには、その根拠を否定するのが効果的です。たとえば、「体育の時間に教室にいたのはA君だけではない。B君は体育の授業に遅刻してきた。B君が教室にいた時間もあるはずだ」と「**反例**」を挙げて反論すればいいのです。

反対意見の根拠を否定して、「反例」を挙げるという反論の方法がある。

さらに発展的な反論についても学びましょう。

反対意見を否定するために、自分の意見をあえて「正しくない」と仮定して矛盾を見つける方法です。

先ほどの例では、あなたは「A君は犯人ではない」と主張したいのでしたね。このとき、あえて「犯人はA君だ」と仮定して、スマホを盗るのが可能かどうか考えてみるわけです。

「スマホを盗ったのがA君だとしよう。そのスマホを紛失したクラスメイトは遅刻してきた。登校したのは、一時間目の体育がはじまってから二〇分後の午前九時ちょうどだった。A君が教室に行ったのは、体育がはじまった直後の午前八時四五分で、八時五五分には体育の授業に戻ってきた。つまり、A君が教室に戻ったとき、なくなったスマホはそもそも教室になかったということになる。そうだとすれば、A君にスマホを盗ることなどできるわけがない」ということになります（スマホを盗ったのは、やはり体育の授業に遅刻してきたB君である可能性が高まってきます）。

このように、**筆者の主張に対する反対意見の矛盾点をあぶり出したうえで反論する方法を「背理法」と言います**。裁判のシーンなら、「異議あり！」といった感じで表現されそうですね。

「背理法」では、あえて自分の意見を「正しくない」と仮定し、その矛盾を示して反論する。

実際の入試問題で、ここで学んだ反論の方法がどのように使われているかを確認してみましょう。

【別冊】問題編 ▼32ページ

演習の目安時間 25分

読む

次の文章を読んで、後の問いに答えよ。

私たちに立ち現れる世界は、色や音、匂いなどに満ちあふれている。(真夏の公園の木陰で涼んでいると、サルスベリの赤い花が見え、池を泳ぐ水鳥の鳴き声が聞こえ、バーベキューの肉の匂いが漂ってくる。)しかし、私たちに立ち現れるのはこのような事物の事実的性質だけではない。それらに加えて、さまざまな価値的な性質も立ち現れる。(サルスベリの花は赤く立ち現れるだけではなく、青い空に映えて美しく立ち現れる。水鳥はびっくりさせるものとして、バーベキューの肉は美味しそうなものとして立ち現れる。)私たちに立ち現れる世界は事実的性質で満ちあふれているだけではなく、価値的性質でも満ちあふれている。

事物の価値的性質がこのように私たちに立ち現れるとき、私たちはどのようにしてその価値的性質を捉えているのだろうか。色や音などの事実的性質については、私たちはそれらに特有の感覚器官をもっている。(色は眼や網膜などから成る視覚器官によって捉えられ、音は聴覚器官によって、匂いは嗅覚器官によって捉えられる。)このようにそれぞれの感覚器官によって事実的性質が捉えられることにより、事実的性質は私たちに立ち現れる。しかし、価値的性質については、それに特有の感覚器官が存在しない。(サルスベリの花が美しく感じられるとき、その色や形は視覚器官によって捉えられるが、美しさはそうではない。美しく感じるということは、たんに色や形が見えるということではなく、それ以上の何かが感じられるということであるが、その何かは視覚器官で捉えられるものではない。びっくりさせるという性質や美味しそうだという性質についても同様である。)

第一意味段落

私たちに立ち現れる世界には
- 事実的性質
- ＋ だけではなく
- 価値的性質もある

問題提起 私たちはどのようにして価値的性質を捉えているのだろうか

事実的性質は特有の感覚器官で捉える
⇔ 差異
価値的性質には特有の感覚器官が存在しない

価値的性質が感覚器官によって捉えられるのでないとすれば、価値的性質が立ち現れるとき、私たちはその性質をどのようにして捉えているのだろうか。価値的性質は、それに特有の感覚器官がないとしても、[2]「感じる」という仕方で捉えられていることは間違いない。（サルスベリの花は美しいと感じられ、水鳥はびっくりさせるものとして、バーベキューの肉は美味しそうに感じられる。私たちは価値的性質を感覚器官によらずに「感じる」という仕方で捉えているのである。）

しかし、感覚器官によるのでなければ、私たちはいったいどのようにして価値的性質を「感じる」という仕方で捉えているのであろうか。私たちには「感じる」という仕方で事物の性質を捉える[3]二種類の能力があるように思われる。感覚器官に基づく知覚の能力と、感覚器官によらない情動の能力である。知覚が事物の事実的性質を「感じる」という仕方で捉えるのにたいし、情動は事物の価値的性質を「感じる」という仕方で捉えるように思われる。（歯を剝き出しにして迫ってくるイヌに恐怖を覚えることは、そのイヌを怖いと感じることにほかならない。つまりそれは、怖いという価値的性質（＝危険だという性質）を感じ取ることなのである。また、オリンピックでの日本選手の活躍に喜びを覚えることは、その活躍を喜ばしいと感じることにほかならない。つまりそれは、喜ばしいという価値的性質（＝大事なものが実現したという性質）を感じ取ることなのである。）情動はこのように事物の価値的性質を「感じる」という仕方で捉える。しかし、（バーベキューの肉を美味しそうに感じる場合はどうだろうか。美味しそうに感じることは、何らかの情動を抱くことであろうか。美味しそうに感じるとき、そこには魅惑される感じや渇望感のようなものが生じていよう。）しかし、このような魅惑感や渇望感は、喜怒哀楽のような典型的な情動と比べれば、それほど自然に情動だとは言いがたい。

魅惑感や渇望感などを情動に含めるためには、情動の範囲をかなり広く理解することが必要である。しかし、快感や苦痛、嫌悪感などを情動に含める場合のように、情動を広く理解することもしばしば行われる。こ

第二意味段落

問題提起 価値的性質をどのようにして捉えているのだろうか
⬅
主張 特有の感覚器官がないとしても「感じる」という仕方で捉えられていることは間違いない

問題提起 感覚器官によるのでなければ、どのようにして「感じる」という仕方で捉えているのであろうか

知覚 事物の事実的性質を「感じる」という仕方によって捉える
⬌ 差異
情動 事物の価値的性質を「感じる」という仕方によって捉える

根拠 喜怒哀楽などだけでなく魅惑感や渇望感なども情動に含める
⬅

こでは、[4]情動の範囲を広げて、事物の価値的性質を「感じる」という仕方で捉える心の状態をすべて「情動」とよぶことにしたい。このように広く理解すれば、価値的性質はすべて情動によって「感じる」という仕方で捉えられることになる。

主張 価値的性質はすべて情動によって「感じる」という仕方で捉えられる

第三意味段落

　事物の価値的性質が私たちに立ち現れるとき、その性質はつねに情動によって感じ取られている。しかし、そうだとしても、情動はどのようにして事物の価値的性質を感じ取るのだろうか。情動は知覚と違って、それ特有の感覚器官をもたない。感覚器官によらずに、何かを感じるということはいかにして可能なのだろうか。この問いにはまだ答えが与えられていない。以下では、情動における身体的反応と脳によるその感受に着目しながら、この問題を考察していこう。

問題提起 感覚器官によらずに、何かを感じとるということはいかにして可能なのだろうか

　情動には特有の感覚器官がない。迫ってくるイヌを見ると恐怖が湧くが、イヌの唸り声を聞いただけでも恐怖が湧く。また、現実の場面を知覚しなくても、恐怖が湧くことがある。主人公がクマに襲われる映画のシーンを見ると、ぞっとするし、そのような状況を描いた小説の一節を読むだけでも、ぞっとする。さらに、何も知覚せずに、ただ状況を想像するだけでも、ぞっとする。バンジージャンプは、それをするのを思い浮かべただけでも、身震いがする。

　情動はこのようにさまざまな知覚や想像のもとで生じる。このことから、情動はじつは事物の価値的性質を感じ取るのではなく、[5]それを判断するのだという考えが浮かぶかもしれない。歯を剥き出しにして迫ってくるイヌを怖いと判断するということであれば、じっさいにそのイヌを見るときだけではなく、映画で見たり、小説で読んだり、頭で想像したりするときにも、そのような判断が生じることに何の不思議もないだろう。判断はそれに特有の感覚器官がなくても生じる。

ここで、筆者はこれまでの意見と反対の意見を取り上げています。

　しかし、情動のじっさいの体験からすると、情動は明らかに事物の価値的性質を感受するものであるように

主張 情動は事物の価値的性質を感じ取る

思われる。（イヌに恐怖を抱くとき、イヌをまさに怖いもの（＝危険なもの）と感じる。それはたんなる知的な判断ではなく、生々しい感じである。）しかし、これにたいしては、情動を価値判断とみなす立場からも、それなりの応答が可能であろう。すなわち、情動はふつう身体的な反応を伴い、その反応は脳で感受される。（歯を剝き出しにしてイヌに迫ってこられると、恐怖を覚えると同時に、身体が震え、その震えが脳で感じ取られる。）情動はこのような身体的反応の感じを伴うため、価値的性質を感じ取るものであるように思われるのだ。しかしじっさいには、それはたんに価値的性質の判断にすぎず、その判断にただ身体的反応の感じが伴っているにすぎない。情動の本質は判断であり、感じはその判断に随伴するものにすぎないのである。

　情動において事物の価値的性質が感じられるという点については、このように情動を価値判断とする見方においても、それなりの応答が可能である。しかし、価値判断説には、明らかな難点がある。（私たちは歯を剝き出しにしたイヌに恐怖を覚えつつも、そのイヌが檻のなかに入っているので、本当は怖くない（＝危険でない）と判断することがある。つまり、イヌに恐怖を抱きつつも、イヌを怖くないと判断するのである。イヌへの恐怖が、イヌは怖いという判断なら、ここでは矛盾した判断が生じていることになる。すなわち、イヌを怖いと判断しつつ、同時に怖くないと判断していることになる。）しかし、こんな明々白々の矛盾が生じているとは考えがたい。いくらなんでも私たちはそこまで愚かではない。そうだとすれば、（イヌへの恐怖はやはり判断ではなく、感じであろう。イヌに恐怖を抱くとき、私たちは、イヌをまさに怖いと感じているのである。）

（信原幸弘『情動の哲学入門』より）

⇔差異
情動は事物の価値的性質を判断する

論点
「感じる」のか「判断する」のか

ここで、筆者は反対意見に反論しています。

根拠
例 イヌを怖いと判断しつつ、同時に怖くないと判断している
⇦ 矛盾が生じてしまう
⇦ 主張 「判断」ではなく「感じ」である

意味段落ごとに、説明されている内容をつかもう

第一意味段落（1～15行目）

私たちに立ち現れる世界は、事物の事実的性質だけではなく価値的性質にも満ちあふれている

事実的性質
例 色・音・匂い　など

価値的性質
例 美しさ・驚き・美味しそう　など

どのようにして価値的性質を捉えているのか？

事実的性質……特有の感覚器官で捉えている
⇔
価値的性質……特有の感覚器官がない
⇦

私たちは価値的性質を感覚器官によらずに「感じる」という仕方で捉えている

第二意味段落（16～37行目）

感覚器官によらずに、どのようにして価値的性質を「感じる」という仕方で捉えているのか？

「知覚」が事物の事実的性質を「感じる」という仕方で捉えている

⇔

「情動」が事物の価値的性質を「感じる」という仕方で捉えている

例 喜怒哀楽・魅惑感・渇望感 など

⇦

価値的性質はすべて情動によって「感じる」という仕方で捉えられる

第三意味段落（38〜68行目）

情動における身体的反応と脳によるその感受に着目しながら、考察する

⇦

「情動」は、じつは事物の価値的性質を感じ取るのではなく、それを判断するのだという反対意見

⇔

判断するのだと考えると矛盾が生じる

⇦

「情動」は事物の価値的性質を感受する

解く

問1 傍線部内容説明問題

傍線部の内容を説明する問題です。傍線部を含む一文を分析してみましょう。

本文3行目のここから！

それらに加えて、さまざまな価値的な性質も立ち現れる。

「それらに加えて」「〜も」という言葉が使われていることからも、覚醒Check!▼「並列」のフレームによって、「事実的性質」と「価値的性質」が並べられていることがわかります。

「価値的な性質」という部分に傍線が引かれているので、「価値的性質」の説明を本文中から探しましょう。すると、11行目に「価値的性質については、それに特有の感覚器官が存在しない」とあります。「価値的性質」は、この文章の最重要ポイントなので、覚醒マップも確認しながら考えていきましょう。

正解は、③「感じることができるが感覚で捉えることができないもの」です。

他の選択肢を検討してみましょう。

①は、「感情と直結するもの」が誤りです。「喜び」や「悲しみ」といった典型的な感情（情動）だけでな

く、「美味しそう」「美しい」なども価値的性質に含まれていました。
②の「私たちの目の前に立ち現れてくるもの」は、「事実的性質」でもあるので誤りです。
④の「事実的性質と正反対の性質であるもの」には、注意が必要です。「事実的性質」と「価値的性質」には「感じる」という共通点もありました。これによって、「正反対の性質」とは言えないため、誤りなのです。
⑤の「色や形以上の何かが感じられるもの」は、「美しさ」についての具体的な説明になっています。「価値的性質」全般を説明できていないため、誤りです。覚醒Check!▶**「具体例」を取り出しただけでは、理由や説明としては不十分なのです。**

問2　傍線部内容説明問題

傍線部の内容を説明する問題です。ただ、設問に「どうして」とあるので、理由説明問題であると思った人もいるかもしれません。
「　」（カギカッコ）がついている言葉は、筆者が特殊な意味で使っている「**個人言語**」と考えることができます。**「　」（カギカッコ）をつけることで、一般的な意味とは異なる「特殊な意味」を持たせていることを示している**のです。
つまり、この問題では、「感じる」という言葉に「　」（カギカッコ）をつけることで、どのような特殊な意味を持たせているのかをとらえる必要があるということですね。

本文17行目のここから！

価値的性質は、それに特有の感覚器官がない（差異）としても、（類似）「感じる」という仕方で捉えられていることは間違いない。

この一文を分析すると、まず、「価値的性質は、それに特有の感覚器官がないとしても」とあります。「それに特有の感覚器官がない」というのは、「事実的性質」との「**差異**」を表していますね。そして、その「**差異**」の直後に「ても」という**逆接**がありますね。このように、「**差異**」の後が**逆接**になっている場合には、その後には「**類似**」が続きます。

「差異」の後が逆接になっていたら、その後には「類似」が続く。

このことから、傍線部は「事実的性質」と「価値的性質」の**類似点**になっていると考えられますね。

本来、「感じる」というのは「事実的性質」を感覚器官によって捉えることを意味します。そのため、特有の感覚器官がない「価値的性質」は、「感じる」とは言えないはずです。しかし、感覚器官によらずとも「価値的性質」を「感じる」という仕方で捉えているのであれば、この「感じる」という言葉は、「事実的性質」と「価値的性質」の両方を説明するものになります。

正解は、⑤の「事実的性質と価値的性質に共通の性質を示すというやや特殊な意味に用いているため」です。「**類似**」を説明している選択肢はこれしかありません。

他の選択肢を検討してみましょう。

①は、「情動でも知覚でも捉えることのできない」が誤りです。「情動」でも「知覚」でも「感じる」ことができます。

②は、「感覚器官でまったく捉えられない」が誤りです。「事実的性質」は感覚器官で「感じる」ことができます。

③は、「美しさ」を感じるときの具体的な説明になっているため、誤りとなります。「感じる」というのはさまざまなものについて言える「抽象的」な言葉なので、具体的な説明をするだけでは不十分なのです。先ほどの 問1 の⑤と同様ですね。

④の「あるものの性質を感じ取ること」は、「事実的性質」と「価値的性質」が類似の関係になっていることを説明できていないため、誤りとなります。

問3 傍線部内容説明問題

傍線部の内容を説明する問題です。傍線部を含む一文を分析しましょう。

本文22行目のここから！

私たちには「感じる」という仕方で事物の性質を捉える3二種類の能力があるように思われる。

本文中で「二種類の能力」が説明されているところを探しましょう。すると、直後に「感覚器官に基づく知覚の能力と、感覚器官によらない情動の能力である」と書かれていました。これは、次のように整理することができますね。

感覚器官に基づく知覚の能力　事物の事実的性質を「感じる」という仕方で捉える
↔
感覚器官によらない情動の能力　事物の価値的性質を「感じる」という仕方で捉える

正解は、③の「知覚と情動によるそれぞれ異なった性質を捉える能力」となります。
他の選択肢を検討してみましょう。
①は、「そうでないもの」が誤りです。両方とも「感じる」のでした。
②は、「美味しそうなもの」を捉えるのも「美しいもの」を捉えるのも、「情動の能力」なので、誤りです。
④は、「感覚器官の異なった使い方によって性質を捉える」が誤りです。情動の能力は感覚器官によらないものでした。
⑤の「オリンピックでの日本選手の活躍に喜びを覚える能力」は、「情動の能力」によるもので、「二種類の能力」の説明になっていないため、誤りです。

問4　傍線部内容説明問題

傍線部の内容を説明する問題です。傍線部を含む一文を分析してみましょう。

本文34行目のここから！

ここでは、[4]情動の範囲を広げて、事物の価値的性質を「感じる」という仕方で捉える心の状態をすべて「情動」

とよぶことにしたい。

広い範囲の「情動」を解答する問題です。狭い範囲の「情動」と広い範囲の「情動」を整理してみましょう。

狭い範囲の「情動」 喜怒哀楽のような感情を捉える心の状態
広い範囲の「情動」 事物の価値的性質を捉える心の状態すべて

広い範囲の「情動」とは、事物の価値的性質を捉える心の状態すべてのことであるとわかりましたね。

正解は、①「価値的判断によるものに広げる」となります。

他の選択肢を検討してみましょう。

②の「快感や苦痛など」は、狭い範囲の「情動」の具体例です。

③は、「単純な感情や好悪以外」とありますが、「以外」という表現では範囲が明確になっていません。

④は、「二種類の能力」とありますが、これでは、情動以外の能力である知覚が含まれてしまいます。

⑤は、「心の状態に関係ない」が誤りです。「情動」は心の状態です。

問5 傍線部理由説明問題

傍線部の理由を説明する問題です。傍線部を含む一文を分析してみましょう。

本文49行目のここから！

> 　このことから、情動はじつは事物の価値的性質を感じ取るのではなく、それを判断するのだという考えが浮かぶかもしれない。

　まずは、傍線部の指示語「それ」が指し示している内容を確認しましょう。直前を見ると「価値的性質」とあるので、「それ」＝「価値的性質」だということがわかります。

　また、傍線部の直前に「事物の価値的性質を感じ取るのではなく」という **覚醒Check!▶「否定」のフレーム** があることから、「感じ取る」と反対の考え方が挙げられていることがわかりますね。

　さらに、この一文の中には**A→X**の「**論証**」のカタチがあり、「情動は（**A**）」→「判断する（**X**）」となっています。ただし、「情動は」と「判断する」の間には「飛躍」がありますね。この「飛躍」を埋める説明は、同じ段落の最後の部分にありました。

根拠

①情動は感覚器官によらない能力（問3より）

＋

②判断はそれに特有の感覚器官がなくても生じる

⬅

主張

情動はじつは事物の価値的性質を判断するのだ

このように「**論証**」をとらえることができれば、正解を選べます。

正解は、①の「感覚なしに生じるものであるので、知的な判断と考えるほうが妥当であるため」です。他の選択肢を検討してみましょう。

②は、「事物自体を直接に判断のための重要な対象とする」が誤りです。「情動」は「さまざまな知覚や想像」のもとに生じるのだと説明されていました。

③は、「頭の中だけで演繹される事象」が誤りです。じっさいに見て判断するケースもあることが説明されていました。

④は、「価値的性質はわかりにくい」が誤りです。「価値的性質を判断する」につながりません。

⑤は、「判断材料がないところで」が誤りです。「情動」は「さまざまな知覚や想像」によって生じるので、「判断材料」がありますね。

問6　傍線部理由説明問題

傍線部の理由を説明する問題です。傍線部を含む一文を分析しましょう。

本文68行目のここから!

イヌに恐怖を抱くとき、私たちはイヌをまさに怖いと感じているのである。

「イヌに恐怖を抱く（A）」→「イヌをまさに怖いと感じている（X）」のカタチになっているので、AとXの間の「飛躍」を埋める「**論証**」をとらえましょう。

この文は、〝価値的性質は「判断する」のかそれとも「感じる」のか〟という疑問に対する結論にあたります。筆者は、「判断する」だと矛盾が生じることになるから、「感じる」であろうという結論を出しています。

根拠

①判断だとすると、イヌを怖いと判断しつつ、同時に怖くないと判断していることになる

＋

②こんな明々白々の矛盾が生じているとは考えがたい

⇦

主張

価値的性質は「判断している」のではなく「感じている」のである

正解は、②の「価値判断説では説明がつかない現象があるため」となります。「価値判断説」を否定している選択肢はこれしかありません。

他の選択肢を検討しましょう。

①は、「情動の本質は常に判断に基づくものである」が誤りです。これは本文で否定されている「価値判断説」ですね。

③の「判断は特有の感覚器官がなくても生じるから」と、④の「情動は身体的な反応の感じをともなうため」は、「情動は判断である」という対立意見の根拠にあたるので、これらを挙げているものは誤りとなります。

⑤は、「矛盾した判断が生じる場合が多いから」が誤りです。先ほども確認したように、「こんな明々白々の矛盾が生じているとは考えがたい」のでしたね。

問7　語句の関係をとらえる問題

「判断」と反対の関係になっている言葉を選べば正解できます。

正解は、⑤「感じ」となります。本文の67〜68行目に「イヌへの恐怖はやはり判断ではなく、感じであろう」とありましたね。

その他の選択肢は、「判断」とは反対の関係になっていないので誤りとなります。

問8　内容真偽問題

本文と照らし合わせて、選択肢に書かれている内容が正しいか正しくないかを判断する問題です。必ず選択肢と本文を照合して、正解を選びましょう。

正解は、①「情動の能力は感覚器官には基づかない」となります。

他の選択肢を検討してみましょう。

②の「価値的性質は情動が捉えることができる」は、文構造に誤りがあります。本文の論旨は「価値的性質は情動によって捉えることができる」でした。

③は、「事実的性質は身体反応を伴う」とありますが、「身体的反応を伴う」のは「事実的性質」ではなく、「情動」です。

④は、「価値的性質」を「存在しえない」としていますが、「価値的性質」は存在するので、誤りです。

⑤の「裏表の関係」とは、「表裏一体の関係」というような意味ですが、「表裏一体」とは、同じで切り離すことができないという関係のことです。「知的判断」と「情動」は異なるものなので、「裏表の関係」にはなりません。

解答（50点満点）

問1　③　（6点）
問2　⑤　（6点）
問3　③　（6点）
問4　①　（6点）
問5　①　（6点）

問6　②　（6点）
問7　⑤　（7点）
問8　①　（7点）

今回の問題の中では、**問6**が「**背理法**」による反論をふまえた考え方になっていましたね。

このように、筆者はあえて反対意見を提示することがあります。意見が急に否定されるとびっくりしてしまうかもしれませんが、**後で矛盾を突きつけるために反対意見を挙げるケースがあるとわかっていれば、落ち着いて対応できますね**。

覚醒ポイント

異なる意見に反論するために、あえて反対意見を提示したうえで矛盾を突きつけるケースがある。あわてずに、「飛躍」を埋める根拠を探そう。

第5講

「**分ける**」と「**つなげる**」の融合型の攻略

長文の問題ほど、「分ける」と「つなげる」が両方使われている〝融合型〟が多い！

ここまでは、「**分ける**」タイプの文章と「**つなげる**」タイプの文章の攻略法を、それぞれ学習してきました。今回は、**「分ける」と「つなげる」の両方が使われている融合型の文章の読み方**を学びましょう。

本書の中で繰り返しお伝えしているように、近年、現代文の入試問題は長文化が進んでいます。それに伴って**「分ける」タイプと「つなげる」タイプの両方の要素がある文章の出題が増えてきました。**

みなさんもご存じの通り、入試問題の本文は、本一冊あるいは長い文章の一部を切り取って出題されるものです。かつての入試問題では、そのごく一部だけが切り取られる傾向がありました。

たとえば、長い論文の「**根拠**」のパートだけが切り取られて、問題が作られるイメージです。ですから、その切り取られた部分が「**分ける**」タイプで展開されていた場合、「この文章は、AとBについて分けて書かれたものだな」と認識するだけでよかったわけです。

ところが、最近の入試問題は、文章が長めに抜粋される傾向にあります。そのため「**分ける**」タイプと「**つ**

なげる」タイプの両方の要素が入っている文章が多くなっているのです。

近年は「分ける（分類）」タイプと「つなげる（論証）」タイプの融合型が増えている。

今回の問題は、センター試験で出題されたものです。センター試験では「**分ける**」タイプと「**つなげる**」タイプが融合した文章がよく見られました。共通テストでもこの傾向は続くと考えられます。

ここまでに学んだ「**分ける**」タイプと「**つなげる**」タイプの文章の読み方を総動員して、読解にあたりましょう。

【別冊】問題編
▼40ページ

演習の目安時間 25分

読む

次の文章は、二〇〇二年に刊行された科学論の一節である。これを読んで、後の問いに答えよ。なお、設問の都合で本文の段落に①～⑬の番号を付してある。また、表記を一部改めている。

① 現代社会は科学技術に依存した社会である。近代科学の成立期とされる十六世紀、十七世紀においては、そもそも「科学」という名称で認知されるような知的活動は存在せず、伝統的な自然哲学の一環としての、一部の好事家による楽しみの側面が強かった。しかし、十九世紀になると、科学研究は「科学者」という職業的専門家によって各種高等教育機関で営まれる知識生産へと変容し始める。既存の知識の改訂と拡大のみを生業とする集団を社会に組み込むことになったのである。さらに二十世紀になり、国民国家の競争の時代になると、科学は技術的な威力と結びつくことによって、この競争の重要な戦力としての力を発揮し始める。二度にわたる世界大戦が科学―技術の社会における位置づけを決定的にしていったのである。

② 第二次世界大戦以後、科学技術という営みの存在は膨張を続ける。※プライスによれば、科学技術という営みは十七世紀以来、十五年で[ア]バイゾウするという速度で膨張してきており、二十世紀後半の科学技術の存在は※GNPの二パーセント強の投資を要求するまでになってきているのである。現代の科学技術は、かつてのような思弁的、宇宙論的伝統に基づく自然哲学的性格を失い、[A]先進国の社会体制を維持する重要な装置となってきている。

③ 十九世紀から二十世紀前半にかけては科学という営みの規模は小さく、にもかかわらず技術と結びつき始めた科学―技術は社会の諸問題を解決する能力を持っていた。「もっと科学を」というスローガンが説得力

第一意味段落

第一意味段落では、「科学」から「科学技術」への変化と、「もっと科学を」から「科学が問題ではないか」への変化をとらえましょう。

▼科学の変化

A 伝統的な自然哲学の一環としての、一部の好事家による楽しみの側面が強かった

⬇ 変化①

B 「科学者」という職業的専門家によって各種高等教育機関で営まれる知識生産へと変容し始める

⬇ 変化②

C 科学は技術的な威力と結びつくことによって、国民国家の競争の重要な戦力としての力を発揮し始める

を持ち得た所以《ゆえん》である。しかし二十世紀後半の科学―技術は両面価値的存在になり始める。現代の科学―技術では、自然の仕組みを解明し、宇宙を説明するという営みの比重が下がり、実験室の中に天然では生じない条件を作り出し、そのもとでさまざまな人工物を作り出すなど、自然に介入し、操作する能力の開発に重点が移動している。その結果、永らく人類を脅かし苦しめてきた病や災害といった自然の脅威を制御できるようになってきたが、同時に、科学―技術の作り出した人工物が人類にさまざまな災いをもたらし始めてもいるのである。科学―技術が恐るべき速度で生み出す新知識が、われわれの日々の生活に商品や製品として放出されてくる。（具体例）いわゆる「※環境ホルモン」や地球環境問題、先端医療、情報技術などがその例である。

B こうして「もっと科学を」というスローガンの説得力は低下し始め、「科学が問題ではないか」という新たな意識が社会に生まれ始めているのである。

④ しかし、（科学者の主張）科学者は依然として「もっと科学を」という発想になじんでおり、このような「科学が問題ではないか」という問いかけを、科学に対する無知や誤解から生まれた情緒的反発とみなしがちである。ここからは、素人の一般市民への科学教育の充実や、科学啓蒙《けいもう》プログラムの展開という発想しか生まれないのである。

⑤ このような状況に一石を投じたのが科学社会学者の（コリンズとピンチの主張）※コリンズとピンチの『ゴレム』である。ゴレムとはユダヤの神話に登場する怪物である。人間が水と土から創り出した怪物で、魔術的力を備え、日々その力を増加させつつ成長する。人間の命令に従い、人間の代わりに仕事をし、外敵から守ってくれる。しかしこの怪物は不器用で危険な存在でもあり、適切に制御しなければ主人を破壊する威力を持っている。コリンズとピンチは、現代では、科学が、全面的に善なる存在か全面的に悪なる存在かのどちらかのイメージに引き裂かれているという。そして、このような分裂したイメージを生んだ理由は、科学が実在と直結した無謬《むびゅう》の知

▼スローガンの変化

A「もっと科学を」
科学―技術は社会の諸問題を解決する能力を持っていた

⬅ 変化

B「科学が問題ではないか」
自然の脅威を制御できるようになると同時に、科学―技術の作り出した人工物が人類にさまざまな災いをもたらし始めてもいる

第二意味段落

コリンズとピンチの主張
科学を「神」から「ゴレム」へ……科学とは、「善」と同時に「悪」も持ち合わせているものである

今までは科学に対して全面的に「善」である「神」のイメー

識という神のイメージで捉えられてきており、科学が自らを実態以上に美化することによって過大な約束をし、それが必ずしも実現しないことが幻滅を生み出したからだという。つまり、全面的に善なる存在というイメージが科学者から振りまかれ、他方、※チェルノブイリ事故や※狂牛病に象徴されるような事件によって科学への幻滅が生じ、一転して全面的に悪なる存在というイメージに変わったというのである。

⑥ コリンズとピンチの処方箋は、科学者が振りまいた当初の「実在と直結した無謬の知識という神のイメージ」を科学の実態に即した「不確実で失敗しがちな向こう見ずでへまをする巨人のイメージ」、つまりゴ(C)レムのイメージに取りかえることを主張したのである。そして、科学史から七つの具体的な実験をめぐる論争を取り上げ、近年の科学社会学研究に基づくケーススタディーを提示し、科学上の論争の終結がおよそ科学哲学者が想定するような論理的、方法論的決着ではなく、さまざまなヨウ(イ)インが絡んで生じていることを明らかにしたのである。

⑦ 具体例 彼らが扱ったケーススタディーの一例を挙げよう。一九六九年に※ウェーバーが、十二年の歳月をかけて開発した実験装置を用いて、※重力波の測定に成功したと発表した。これをきっかけに、追試をする研究者があらわれ、重力波の存在をめぐって論争となったのである。この論争において、実験はどのような役割を果たしていたかという点が興味深い。追試実験から、ウェーバーの結果を否定するようなデータを手に入れた科学者は、それを発表するかいなかという選択の際に(ウ)ヤッカイな問題を抱え込むのである。否定的な結果を発表することは、ウェーバーの実験が誤りであり、このような大きな値の重力波は存在しないという主張をすることになる。しかし、実は批判者の追試実験の方に不備があり、本当はウェーバーの検出した重力波が存在するということが明らかになれば、この追試実験の結果によって彼は自らの実験能力の低さを公表することになる。

ジを持っていたので、事故などを起こすと、幻滅して全面的に「悪」なる存在というイメージに変わってしまうのでした。

コリンズとピンチは、この「神」のイメージを「ゴレム」の「不確実で失敗しがちな向こう見ずでへまをする巨人」のイメージに取りかえることを主張しました。つまり、善い面と悪い面を同時に持ち合わせていることを理解すべきだということです。

⑦～⑨段落では、ケーススタディーが挙げられています。長いのですが、「ケーススタディー」とは、「例」のことなので、それ自体は重要ではありません。科学には善い面と悪い面があるという主張を意識して読みましょう。

⑧ 学生実験の場合には、実験をする前におおよそどのような結果になるかがわかっており、それと食い違えば実験の失敗がセンコクされる。しかし現実の科学では必ずしもそうはことが進まない。重力波の場合、どのような結果になれば実験は成功といえるかがわからないのである。重力波が検出されれば、実験は成功なのか、それとも重力波が検出されなければ、実験は成功なのか。しかしまさに争点は、重力波が存在するかどうかであり、そのための実験なのである。何が実験の成功といえる結果なのかを、前もって知ることはできない。重力波が存在するかどうかを知るために、「優れた検出装置を作らなければならない。しかし、その装置を使って適切な結果を手に入れなければ、装置が優れたものであったかどうかはわからない。しかし、優れた装置がなければ、何が適切な結果かということはわからない……」。コリンズとピンチはこのような循環を「実験家の悪循環」と呼んでいる。

⑨ 重力波の論争に関しては、このような悪循環が生じ、その存在を完全に否定する実験的研究は不可能であるにもかかわらず（存在、非存在の可能性がある）、結局、有力科学者の否定的発言をきっかけにして、科学者の意見が雪崩を打って否定論に傾き、それ以後、※重力波の存在は明確に否定されたのであった。つまり、論理的には重力波の存在もしくは非存在を実験によって決着をつけられていなかったが、科学者共同体の判断は、非存在の方向で収束したということである。

まとめ
論理的に重力波の存在または非存在決着がつかない
……科学は全面的に「善」であるとは言えない

⑩ コリンズとピンチは、このようなケーススタディーをもとに、「もっと科学を」路線を批判するのである。（譲歩）民主主義国家の一般市民は確かに、原子力発電所の建設をめぐって、あるいは遺伝子組み換え食品の是非についてなどさまざまな問題に対して意思表明をし、決定を下さねばならない。そしてそのためには、一般市民に科学に「ついての」知識ではなく、科学知識そのものを身につけさせるようにすべきだ、と主張される。しかしこのような論争を伴う問題の場合には、どちらの側にも科学者や技術者といった専門家がついて

いるではないか。そしてこの種の論争が、専門家の間でさえ、ケーススタディーが明らかにしたように、よりよい実験やさらなる知識、理論の発展あるいはより明晰《めいせき》な思考などによっては必ずしも短期間に解決できないのであり、それを一般市民に期待するなどというのはばかげていると主張するのである。彼らはいう。一般市民に科学をもっと伝えるべきであるという点では、異論はないが、伝えるべきことは、科学の内容ではなく、専門家と政治家やメディア、そしてわれわれとの関係についてなのだ、と。

⑪ 科学を「実在と直結した無謬の知識という神のイメージ」から「ゴレムのイメージ」（＝「ほんとうの」姿）でとらえなおそうという主張は、科学を一枚岩とみなす発想を掘り崩す効果をもっている。そもそも、高エネルギー物理学、ヒトゲノム計画、古生物学、工業化学などといった一見して明らかに異なる領域をひとしなみに「科学」となぜ呼べるのであろうか、という問いかけをわれわれは真剣に考慮する時期にきているる。

⑫ にもかかわらず、この議論の仕方には問題がある。コリンズとピンチは、一般市民の科学観が「実在と直結した無謬の知識という神のイメージ」であり、それを「ゴレム」に取り替えよ、それが科学の「ほんとうの」姿であり、これを認識すれば、科学至上主義の裏返しの反科学主義という病理はイやされるという。しかし、「ゴレム」という科学イメージはなにも科学社会学者が初めて発見したものではない。歴史的にはポピュラーなイメージといってもよいであろう。メアリー・シェリーが『フランケンシュタインあるいは現代のプロメテウス』を出版したのは一八一八年のことなのである。その後も、スティーブンソンの『ジキル博士とハイド氏』、H・G・ウェルズの『モロー博士の島』さらにはオルダス・ハクスリーの『すばらしき新世界』など、科学を怪物にたとえ、その暴走を危惧するような小説は多数書かれており、ある程度人口に膾炙《かいしゃ》していたといえるからである。

コリンズとピンチの主張への反論

コリンズとピンチの主張
善い面と悪い面の両方がある「ゴレム」のイメージで科学をとらえなおそう
⬇
科学を一枚岩とみなす発想を掘り崩す効果をもっている

第三意味段落

ここで筆者は、コリンズとピンチの主張に反論しています。

コリンズとピンチの主張
A 科学は全面的に「善」ではない
B 一般市民は「ほんとうの」科学を知らない

反論
この議論の仕方には問題がある

⑬ 結局のところ、コリンズとピンチは科学者の一枚岩という「神話」を掘り崩すのに成功はしたが、その作業のために、「一枚岩の」一般市民という描像を前提にしてしまっている。一般市民は一枚岩的に「科学は一枚岩」だと信じている、と彼らは認定しているのである。言いかえれば、科学者はもちろんのこと、一般市民も科学の「ほんとうの」姿を知らないという前提である。では誰が知っているのか。科学社会学者という答えにならざるを得ない。科学を正当に語る資格があるのは誰か、という問いに対して、コリンズとピンチは「科学社会学者である」と答える構造の議論をしてしまっているのである。

（小林傳司《こばやしただし》「科学コミュニケーション」より）

コリンズとピンチの議論

A 科学は「一枚岩」ではないと主張している

⇔ にもかかわらず

B 一般市民は一枚岩的に「科学は一枚岩」だと信じているということを前提にしている

⇐ 矛盾している

⇐ **主張** 問題がある

第一意味段落（1～4段落）

現代では、科学は「知識」から「技術」へ変化した

科学に対する意識の変化

A「もっと科学を」

科学—技術は、社会の諸問題を解決する力を持っていた

⬅

B「科学が問題ではないか」

自然の脅威を制御できるようになると同時に、科学—技術の作り出した人工物が人類にさまざまな災いをもたらし始めてもいる

科学は功罪ともにある存在になった

第二意味段落（5～11段落）

コリンズとピンチの主張

「全面的に善なる存在（無謬の知識という神）」というイメージ

⬅

「善い面と悪い面を同時にもつ存在（ゴレム）」のイメージ

科学を、「ゴレム」のイメージに転換し、「ほんとうの」姿でとらえなおそうという主張

第三意味段落（⑫～⑬段落）

コリンズとピンチの主張に対する反論

コリンズとピンチは科学を一枚岩と見なす発想を掘り崩した

⇔ しかし、同時に

一般市民のことを一枚岩的に「科学は一枚岩だ」と信じていると認定している

⬅ 矛盾がある

⬅ **コリンズとピンチの主張には問題がある**

解く

問1 漢字問題

ア 倍増　①培養　②媒体　③陪審　④賠償　⑤**倍した**
イ 要因　①動員　②強引　③婚姻　④陰謀　⑤**起因**
ウ 厄介　①利益　②通訳　③**厄年**　④躍起　⑤薬効
エ 宣告　①**上告**　②克明　③黒白　④穀倉　⑤酷似
オ 癒やされる　①空輸　②比喩　③愉悦　④**癒着**　⑤教諭

問2 傍線部内容説明問題

傍線部の内容を説明する問題です。傍線部を含む一文を分析しましょう。

本文10行目のここから！

現代の科学技術は、かつてのような思弁的、宇宙論的伝統に基づく自然哲学的性格を失い、先進国の社会体制を維持する重要な装置となってきている。

主部が「現代の科学技術は」となっているため、傍線部は「現代の科学技術」に対する説明であるとわかります。そして、「かつてのような思弁的、宇宙論的伝統に基づく自然哲学的性格を失い」とあるので、「科学の変化」を説明する問題であると判断します。そこで、本文中で「科学の変化」を説明している箇所を探しましょう。

第①段落を見ると、そもそも科学は「伝統的な自然哲学の一環としての、一部の好事家による楽しみの側面が強かった」のだということがわかります。続く部分では、十九世紀になっての変化（①一段階目の変化）が説明されています。そして、5行目からは二十世紀になっての変化（②二段階目の変化）が説明されます。その変化をまとめると、次のようになります。

A 成立期においては伝統的な自然哲学の一環としての、一部の好事家による楽しみの側面が強かった

⬅ **変化①**（好事家から専門家へ）

B 科学研究は「科学者」という職業的専門家によって各種高等教育機関で営まれる知識生産へと変容し始める

⬅ **変化②**（知識から技術へ）

C 科学は技術的な威力と結びつくことによって、この競争（＝国民国家の競争）の重要な戦力としての力を発揮し始める

傍線部Aは、「現代の科学技術」の説明なので、ここでいう、**B**「知識」から**C**「技術」への**変化②**を説明すればよいのです。

正解は、⑤の「現代の科学は、人間の知的活動という側面を薄れさせ、自然に介入しそれを操作する技術に

より実利的成果をもたらすことで、国家間の競争の中で先進国の体系的な仕組みを持続的に支える不可欠な要素へと変化しているということ。」となります。「現代の科学は、人間の知的活動という側面（＝**B**）を薄れさせ、自然に介入しそれを操作する技術（＝**C**）により実利的成果をもたらす」となっており、**変化②**を説明できています。

他の選択肢を検討してみましょう。

①は、前半部分は問題ありませんが、後半が「技術（戦力）」ではなく「国力（経済力）」と結びついているとなっているので誤りです。

②は、前半が「本来の目的」となっている点、後半に「技術（戦力）」の説明がない点が誤りです。

③は、「小規模」から「国家的な事業」へという変化が誤りです。

④は、後半部分は合っていますが、前半の「『もっと科学を』というスローガンが説得力を持っていた頃の地位を離れ」が誤りです。「もっと科学を」は、十九世紀から二十世紀前半のスローガンなので、前半部分に入れるのにふさわしくありません。前半部分には「知的生産」（＝**B**）という内容が必要です。

問3　傍線部内容説明問題

傍線部の内容を説明する問題です。まずは傍線部を分析してみましょう。

本文22行目のここから！

B こうして「もっと科学を」というスローガンの説得力は低下し始め、「科学が問題ではないか」という新たな意識が社会に生まれ始めているのである。

第③段落の最後の文に傍線部があり、「こうして」という指示語があることから、第③段落の内容をまとめるとよいのだとわかります。また、「もっと科学を」というスローガンと「科学が問題ではないか」という意識をくわしく説明する必要がありそうです。これらの説明がされている箇所を本文で探しましょう。

まず、「もっと科学を」というスローガンについては、第③段落の一文目と二文目に「技術と結びつき始めた科学―技術は社会の諸問題を解決する能力を持っていた。『もっと科学を』というスローガンが説得力を持ち得た所以である」とあります。社会の諸問題を解決する能力を持っていた「科学」をもっと追求しようという動きですね。

次に、「科学が問題ではないか」については、同じく第③段落の五文目（18〜20行目）に「永らく人類を脅かし苦しめてきた病や災害といった自然の脅威を制御できるようになってきたが、同時に、科学―技術の作り出した人工物が人類にさまざまな災いをもたらし始めてもいる」とあります。

これらをまとめると、次のようになります。

A「もっと科学を」
科学―技術は社会の諸問題を解決する能力を持っていた

⬅ **変化**

B「科学が問題ではないか」
自然の脅威を制御できるようになると同時に、
科学―技術の作り出した人工物が人類にさまざまな災いをもたらし始めてもいる

正解は、④「二十世紀前半までの科学は、その理論を応用する技術と強く結びついて日常生活に役立つものを数多く作り出したが、現代における技術と結びついた科学は、その作り出した人工物が各種の予想外の災いをもたらすこともあり、その成果に対する全的な信頼感が揺らぎつつあるということ。」となります。「その理論を応用する技術と強く結びついて日常生活に役立つものを数多く作り出した」は、**A「もっと科学を」**の説明ですね。また、「その作り出した人工物が各種の予想外の災いをもたらすこともあり、その成果に対する全的な信頼感が揺らぎつつある」は、**B「科学が問題ではないか」**の説明になっています。

他の選択肢を検討してみましょう。

①は、**B**の説明である「自然の脅威と向き合う手段」が**A**の説明部分に来ている点が誤りです。

②は、前半部分の**A**の説明は合っていますが、**B**の説明として「営利的な傾向」とある点が誤りです。

③は、前半部分の「日常の延長上」が**A**の説明として誤りです。そして、後半部分の「(人工物を作り出すようになった) 方法に対する端的な違和感が高まりつつある」という部分が**B**の説明として誤りです。

⑤は、前半部分の「一般市民へ」という部分が、また後半部分の「市民の日常的な生活感覚から次第に乖離」という部分が、それぞれ誤りです。

問4 傍線部内容説明問題

傍線部の内容を説明する問題です。傍線部を含む一文を分析しましょう。

本文38行目のここから!

コリンズとピンチの処方箋は、科学者が振りまいた当初の「実在と直結した無謬の知識という神のイメージ」を科学の実態に即した「不確実で失敗しがちな向こう見ずでへまをする巨人のイメージ」、つまりCゴレムのイメージに取りかえることを主張したのである。

まず、主部が「コリンズとピンチの処方箋は」となっていることから、第⑤段落以降に書かれている科学社会学者「コリンズとピンチ」の行為をふまえる必要があることがわかります。また、傍線部には「ゴレムのイメージに取りかえる」とあるので、「**変化**」の説明をすればよいことがわかります。

よって、第⑤段落以降で「**変化**」の説明を探しましょう。

ここでいう「**変化**」とは、「実在と直結した無謬の知識という神のイメージ」から「ゴレムのイメージ」への「**変化**」です。

「実在と直結した無謬の知識という神のイメージ」という部分が難しく感じられますが、35行目に「つまり」とあり、「全面的に善なる存在というイメージ」と言い換えられているので、この部分を読めば、「全面的に善（＝間違いがない）」というイメージを持たれていたのだということがわかります。

また、「ゴレムのイメージ」については、傍線部Cの直前に「不確実で失敗しがちな向こう見ずでへまをする巨人のイメージ」とあります。さらに、同じ第⑤段落の30〜31行目に「人間の命令に従い、人間の代わりに仕事をし、外敵から守ってくれる。しかしこの怪物は不器用で危険な存在でもあり、適切に制御しなければ主人を破壊する威力を持っている」とあることから、人間の役に立つが、適切に制御しなければ危険なものであるということがわかります。

ここまでをまとめると、「全面的に善なる存在というイメージ」から、「善い面もあるが同時に悪い面もあるイメージ」へと「**変化**」させようとしたのだということがわかります。

A　実在と直結した無謬の知識という神のイメージ
＝全面的に善なる存在

⇦ **変化**

B　ゴレムのイメージ
＝不確実で失敗しがちな向こう見ずでへまをする巨人のイメージ
＝善い面もあるが、同時に悪い面もある

正解は、③の「全面的に善なる存在という科学に対する認識を、魔術的力とともに日々成長して人間の役に立つが欠陥が多く危険な面も備える怪物ゴレムのイメージで捉えなおすことで、現実の科学は新知識の探求を通じて人類に寄与する一方で制御困難な問題も引き起こす存在であると主張したということ。」です。**A**の「全面的に善なる存在」は全選択肢共通ですが、**B**の「人類に寄与する（＝善い面）一方で制御困難な問題も引き起こす（＝悪い面）」と、善い面と悪い面が正しく説明できているのはこの選択肢だけです。

他の選択肢を検討してみましょう。

①は、「人類を窮地に陥れる脅威」と、「悪い面」しか説明されていないため誤りです。

②は、「成果を応用することが容易でない」という「悪い面」の説明が誤りです。「悪い面」は「適切に制御しなければ主人を破壊する威力を持っている」ことでした。

④は、「美化」は「善い面だけを見ること」、「幻滅」は「悪い面だけを見ること」ですから、「善い面も悪い

面もある」の説明としては不適切です。

⑤は、「適切な制御なしにはチェルノブイリ事故や狂牛病に象徴される事件を招き人類に災いをもたらす存在」という点が誤りです。これは「全面的に悪なる存在」の説明です。

問5 傍線部理由説明問題

傍線部の理由を説明する問題です。まず傍線部を分析しましょう。

本文82行目のここから！

D にもかかわらず、この議論の仕方には問題がある。

まず、傍線部の中にある「この」が指し示している内容を確認します。77〜78行目の「科学を『実在と直結した無謬の知識という神のイメージ』から『ゴレムのイメージ』（＝「ほんとうの」姿）でとらえなおそうという主張」がそれにあたりますね。これまで確認してきたコリンズとピンチの主張を、ここでまとめています。

次に、傍線部の冒頭に「にもかかわらず」という言葉があり、「この議論の仕方には問題がある」という流れになっていることに注目しましょう。これまでは、コリンズとピンチの主張を正しいものとして紹介していましたが、「にもかかわらず」という逆接でつなぐことによって、問題点を指摘しようとしているのです。

傍線部の後の部分で、「この議論の仕方」にどのような「問題」があるのかを確認しましょう。

すると、第⑬段落の冒頭に「コリンズとピンチは科学者の一枚岩という『神話』を掘り崩すのに成功はしたが、その作業のために、『一枚岩の』一般市民という描像を前提にしてしまっている」とありました。これは、コリンズとピンチが批判した科学者の態度と同様の態度です。自分たちが批判した態度を自分たちも取ってしまっており、覚醒Check!▶「矛盾」しています。そのため、「この議論の仕方には問題がある」と言えるのです。
以上の論証をまとめると、次のようになります。

A 科学は「全面的に善なる存在」ではなく、「善い面」と「悪い面」がある
……科学を「一枚岩」として捉えることを批判

＋

B 一般市民はみんな「ほんとうの」科学を知らない
……自分たちが一般市民を「一枚岩」として捉えている

⇦

主張 **この議論の仕方には問題がある**

筆者はまず、コリンズとピンチの主張を正しいものとして紹介しました（**A**）。ただし、それにも矛盾があることを示して（**B**）、反論しています。筆者が、これまでの説明の矛盾点を示していることに注目して、反論の内容を確認しましょう。

正解は、④「コリンズとピンチは、歴史的にポピュラーな『ゴレム』という科学イメージを使って科学は無謬の知識だという発想を批判したが、科学者と政治家やメディア、そして一般市民との関係について人々に伝

えるべきだという二人の主張も、一般市民は科学の『ほんとうの』姿を知らない存在だと決めつける点において、科学者と似た見方であるから。」となります。**A**の「科学は無謬の知識だという発想を批判した」と、**B**の「一般市民は科学の『ほんとうの』姿を知らない存在だと決めつける」の両方のポイントをふまえていますね。

他の選択肢を検討してみましょう。

①は、後半で**B**のポイントとして示されている「一枚の岩のように堅固な一般市民の科学観をたびたび問題にしてきた」という部分が誤りです。多くの小説家が「一枚の岩のように堅固な一般市民の科学観をたびたび問題にしてきた」とは書かれていませんでした。

②は、前半で**A**のポイントとして示されている「さまざまな問題に対して一般市民自らが決定を下せるように、市民に科学をもっと伝えるべきだと主張」が誤りです。

③は、後半で**B**のポイントとして示されている「実際には専門家の示す科学的知見に疑問を差しはさむ余地などない」が誤りです。「疑問を差しはさむ」かどうかという話ではありませんでした。

⑤は、後半で**B**のポイントとして示されている「科学知識そのものを十分に身につけていないため、科学を正当に語る立場に基づいて一般市民を啓蒙していくことなどできない」が誤りです。本文に書かれていない内容ですね。

問6 文章の表現と構成・展開の説明問題

文章全体の構成についての問題です。ここまでの問題を振り返って、段落ごとの構成を把握したうえで解くとよいでしょう。また、「適当でないもの」を指摘しなければならない点にも注意しましょう。

(i) 表現に関する説明

③は、「極端な対症療法」という部分が誤りです。**問4** を振り返ってみましょう。「コリンズとピンチ」は、科学は「全面的に善なる存在」である、または「全面的に悪なる存在」であるという極端な考え方を批判して、科学は「善い面もあるが、同時に悪い面もある」という「ほんとうの」姿を主張したのです。

その他の選択肢は、本文の内容と一致します。

(ii) 構成・展開に関する説明

①は、「第①〜③段落では十六世紀から二十世紀にかけての科学に関する諸状況を時系列的に述べ」が誤りです。第②段落と第③段落を確認すると、時代を前後して説明しているところがあるので、「時系列」ではありません。

その他の選択肢は、本文の内容と一致します。

解答 (50点満点)

問1 ア⑤ イ⑤ ウ③ エ① オ④ (2点×5)

問2 ⑤ (8点)

問3 ④ (8点)

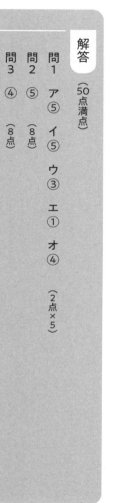

問4　③（8点）
問5　④（8点）
問6　（i）③　（ii）①　（4点×2）

今回の問題は、**問4**で「実在と直結した無謬の知識という神のイメージ」と「ゴレムのイメージ」の「**差異**」を使い、その次の**問5**で「**矛盾**」による「**反論**」を使いました。

このように、長い文章では「**差異**」に注目して「**根拠**」を確認しつつ、「**論証**」を意識して「**主張**」をつかんでいくことが求められる場合があります。**本文全体の構造をとらえることを意識していきましょう。**

覚醒ポイント

「分ける」は「根拠」の部分に使われることが多く、「つなげる」は「主張」を導き出すときに使われることが多い。それぞれがどこに使われているのかを確認して、本文全体の構造をとらえる。

第6講 「複数テクスト」の攻略

「複数テクスト」は難しくない！
複数の資料から必要な情報を収集しよう！

第6講は、共通テストなどで出題される**「複数テクスト」の読み方**を学びましょう。

「**複数テクスト**」とは、「メインの文章」に「サブの関連資料」がついている出題形式のことです。関連資料には文章やメモ、グラフや図、写真などさまざまなものがあります。ここではメインもサブも文章であることを想定して説明していきます。

「**複数テクスト**」では複数の文章が出題されるため、苦手意識を持つ人がいるかもしれません。でも、難しく考える必要はありません。

たとえば、「象徴」という言葉の意味を調べようと思ったとき、あなたならどうしますか？　辞書やネットで調べてみるのではないでしょうか。

このとき一つの記事を調べただけで「なるほど、そういう意味か」と納得することもあると思います。しかし、複数の記事を参考にして総合的に意味を理解することも多いのではないでしょうか。

こう考えると、意識しているかどうかは別として、普段から「**複数テクスト**」の読解を実践しているんですね。

では、実際の入試ではどのように「**複数テクスト**」を読めばいいでしょうか。

まず、これまでに学んだ方法を使って「メインの文章」を読んでください。そして、**メインの文章との関連を意識しながら「サブの関連資料」を読みましょう。**こうすることで「メインの文章」だけではわからなかったことを理解できるようになります。

「複数テクスト」問題でも、あわてずに「メインの文章」からしっかり読んでいく。

先ほどの「象徴」の例では、辞書を引くと、このような説明がありました。

> ①ある別のものを指示する目印・記号。
> ②本来かかわりのない二つのもの（具体的なものと抽象的なもの）を何らかの類似性をもとに関連づける作用。例えば、白色が純潔を、黒色が悲しみを表すなど。シンボル。
>
> （広辞苑第六版より）

この説明でも大まかな意味は理解できると思います。

でも、「他の辞書ではどんな説明がされているのだろう？」「他にはどんな例があるのかな？」という疑問が生まれたら、さらに辞書を引いてみたりネットで検索したりしますね。

すると、次のような説明がありました。

> 抽象的な思想・観念・事物などを、具体的な事物によって理解しやすい形で表すこと。また、その表現に用いられたもの。シンボル。
>
> （デジタル大辞泉より）

> たとえば、十字架でキリスト教を、白で純潔を、ハトで平和を表わす類。
>
> （日本国語大辞典より）

このように、**「複数テクスト」の問題では「複数の資料を照らし合わせたうえで、意味や内容を確定させる読解力」が問われているんです。**

それでは、実際に2021年の共通テストの問題で「複数テクスト」の読み方を確認してみましょう。

【別冊】問題編 ▼ 54ページ

演習の目安時間 25分

読む

次の文章は、香川雅信《かがわまさのぶ》『江戸の妖怪革命』の序章の一部である。本文中でいう「本書」とはこの著作を指し、「近世」とは江戸時代にあたる。これを読んで、後の問いに答えよ。なお、設問の都合で本文の段落に①～⑱の番号を付してある。

① フィクションとしての妖怪、とりわけ娯楽の対象としての妖怪は、いかなる歴史的背景のもとで生まれてきたのか。

② 確かに、鬼や天狗《てんぐ》など、古典的な妖怪を題材にした絵画や芸能は古くから存在した。しかし、妖怪が明らかにフィクションの世界に属する存在としてとらえられ、そのことによってかえっておびただしい数の妖怪画や妖怪を題材とした文芸作品、大衆芸能が創作されていくのは、近世も中期に入ってからのことなのである。つまり、フィクションとしての妖怪という領域自体が歴史性を帯びたものなのである。

③ 妖怪はそもそも、日常的理解を超えた不可思議な現象に意味を与えようとするミン[ア]ゾク的な心意から生まれたものであった。人間はつねに、経験に裏打ちされた日常的な原因―結果の了解に基づいて目の前に生起する現象を認識し、未来を予見し、さまざまな行動を決定している。ところが時たま、そうした日常的な因果了解では説明のつかない現象に遭遇する。それは通常の認識や予見を無効化するため、人間の心に不安と恐怖を[イ]カンキする。このような言わば意味論的な危機に対して、それをなんとか意味の体系のなかに回収するために生み出された文化的装置が「妖怪」だった。それは人間が秩序ある意味世界のなかで生きていくうえでの必要性から生み出されたものであり、それゆえに切実なリアリティをともなっていた。[A]民間伝

第一意味段落

「問題提起」からはじまります。「問い」の「答え」を意識しながら読みましょう。

問題提起
フィクション（娯楽）としての妖怪は、いかなる歴史的背景のもとで生まれてきたのか

⬅ **答え**
近世の中期に入ってから

⬅ **根拠**
人間は、日常的な原因―結果の了解に基づいて認識、予見し、行動を決定している

＋

日常的な因果了解では説明のつかない現象に遭遇すると、不安と恐怖を覚える

承としての妖怪とは、そうした存在だったのである。

④妖怪が意味論的な危機から生み出されるものであるかぎり、そしてそれゆえにリアリティを帯びた存在であるかぎり、それをフィクションとして楽しもうという感性は生まれえない。フィクションとしての妖怪という領域が成立するには、妖怪に対する認識が根本的に変容することが必要なのである。

← 意味論的な危機に対して、なんとか意味の体系のなかに回収するために「妖怪」が生み出された

← 切実なリアリティを帯びているので、フィクションとしては楽しめない

⑤妖怪に対する認識がどのように変容したのか。そしてそれは、いかなる歴史的背景から生じたのか。本書ではそのような問いに対する答えを、「妖怪娯楽」の具体的な事例を通して探っていこうと思う。

第二意味段落

⑥妖怪に対する認識の変容を記述し分析するうえで、本書ではフランスの哲学者ミシェル・フーコーの「アルケオロジー」の手法をウ エンヨウすることにしたい。

⑦アルケオロジーとは、通常「考古学」と訳される言葉であるが、フーコーの言うアルケオロジーは、思考や認識を可能にしている知の枠組み――「エピステーメー」（ギリシャ語で「知」の意味）の変容として歴史を描き出す試みのことである。人間が事物のあいだにある秩序を認識し、それにしたがって思考する際に、われわれは決して認識に先立って「客観的に」存在する事物の秩序そのものに触れているわけではない。事物のあいだになんらかの関係性をうち立てるある一つの枠組みを通して、はじめて事物の秩序を認識することができるのである。この枠組みがエピステーメーであり、しかもこれは時代とともに変容する。事物に対する認識や思考が、時間をエ ヘダてることで大きく変貌してしまうのだ。

▼アルケオロジー
思考や認識を可能にしている知の枠組み「エピステーメー」の変容として歴史を描き出す試み

この段階では、「アルケオロジー」や「エピステーメー」がよくわからなくても大丈夫ですよ。次の部分を読み進めましょう。

⑧（引用 フーコーは、十六世紀から近代にいたる西欧の「知」の変容について論じた『言葉と物』という著作において、このエピステーメーの変貌を、「物」「言葉」「記号」そして「人間」の関係性の再編成として描き出している。）これらは人間が世界を認識するうえで重要な役割を果たす諸要素であるが、そのあいだにどのような関係性がうち立てられるかによって、「知」のあり方は大きく様変わりする。

『言葉と物』は引用なので、筆者の説明を追っていきましょう。

⑨本書では、このアルケオロジーという方法を踏まえて、日本の妖怪観の変容について記述することにしたい。それは妖怪観の変容を「物」「言葉」「記号」「人間」の布置の再編成として記述する試みである。この方法は、同時代に存在する一見関係のないさまざまな文化事象を、同じ世界認識の平面上にあるものとしてとらえることを可能にする。これによって日本の妖怪観の変容を、大きな文化史的変動のなかで考えることができるだろう。

> ここまで読んで、「アルケオロジー」という方法で「日本の妖怪観の変容」の説明をするのだとわかれば、必要な情報はつかめています。

⑩では、ここで本書の議論を先取りして、B アルケオロジー的方法によって再構成した日本の妖怪観の変容について簡単に述べておこう。

第三意味段落

⑪中世において、妖怪の出現は多くの場合「凶兆」として解釈された。それらは神仏をはじめとする神秘的存在からの「警告」であった。すなわち、妖怪は神霊からの「言葉」を伝えるものという意味で、一種の「記号」だったのである。これは妖怪にかぎったことではなく、あらゆる自然物がなんらかの意味を帯びた「記号」として存在していた。つまり、「物」は物そのものと言うよりも「記号」であったのである。これらの「記号」は所与のものとして存在しており、人間にできるのはその「記号」を「読み取る」こと、そしてその結果にしたがって神霊への働きかけをおこなうことだけだった。

▼中世の妖怪
- 「凶兆」
- 神秘的な存在からの「警告」

⬅ 一種の「記号」だった

⑫「物」が同時に「言葉」を伝える「記号」である世界。こうした認識は、しかし近世において大きく変容する。「物」にまとわりついた「言葉」や「記号」としての性質が剥ぎ取られ、はじめて「物」そのものとして人間の目の前にあらわれるようになるのである。ここに近世の自然認識や、西洋の博物学に相当する※本草学《ほんぞうがく》という学問が成立する。そして妖怪もまた博物学的な思考、あるいは嗜好《しこう》の対象となっていくのである。

⑬この結果、「記号」の位置づけも変わってくる。かつて「記号」は所与のものとして存在し、人間はそれ

を「読み取る」ことしかできなかった。しかし、近世においては、「記号」は人間が約束事のなかで作り出すことができるものとなった。これは、「記号」が神霊の支配を逃れて、人間の完全なコントロール下に入ったことを意味する。こうした「記号」を、本書では「表象」と呼んでいる。人工的な記号、人間の支配下にあることがはっきりと刻印された記号、それが「表象」である。

⑭「表象」は、意味を伝えるものであるよりも、むしろその形象性、視覚的側面が重要な役割を果たす「記号」である。妖怪は、伝承や説話といった「言葉」の世界、意味の世界から切り離され、名前や視覚的形象によって弁別される「表象」となっていった。それはまさに、現代で言うところの「キャラクター」であった。そしてキャラクターとなった妖怪は完全にリアリティを喪失し、フィクショナルな存在として人間の娯楽の題材へと化していった。妖怪は「表象」という人工物へと作り変えられたことによって、人間の手で自由自在にコントロールされるものとなったのである。こうした妖怪の「表象」化は、人間の支配力が世界のあらゆる局面、あらゆる「物」に及ぶようになったことの帰結である。かつて神霊が占めていたその位置を、いまや人間が占めるようになったのである。

⑮ここまでが、近世後期——より具体的には十八世紀後半以降の都市における妖怪観である。だが、近代になると、こうした近世の妖怪観はふたたび編成しなおされることになる。「表象」として、リアリティの領域から切り離されてあった妖怪が、以前とは異なる形でリアリティのなかに回帰するのである。これは、近世は妖怪をリアルなものとして恐怖していた迷信の時代、近代はそれを合理的思考によって否定し去った啓《けい》蒙《もう》の時代、という一般的な認識とはまったく逆の形である。

⑯「表象」という人工的な記号を成立させていたのは、「万物の霊長」とされた人間の力の絶対性であった。ところが近代になると、この「人間」そのものに根本的な懐疑が突きつけられるようになる。人間は「神

記号の変化
人間は「読み取る」ことしかできなかった
⬇
人間が約束事のなかで作り出すことができるようになった
＝「表象」

▼近世の妖怪
形象性、視覚的側面が重要な役割を果たす
⬇
「キャラクター」としてのフィクショナルな存在になった

ここからは、「近代」の妖怪の話が始まります。

経」の作用、「催眠術」の効果、「心霊」の感応によって容易に妖怪を「見てしまう」不安定な存在、「内面」というコントロール不可能な部分を抱えた存在として認識されるようになったのだ。かつて「表象」としてフィクショナルな領域に囲い込まれていた妖怪たちは、今度は「人間」そのものの内部に棲《す》みつくようになったのである。

⑰ そして、こうした認識とともに生み出されたのが、「私」という近代に特有の思想であった。謎めいた「内面」を抱え込んでしまったことで、「私」は私にとって「不気味なもの」となり、いっぽうで未知なる可能性を秘めた神秘的な存在となった。妖怪は、まさにこのような「私」をトウエイした存在としてあらわれるようになるのである。

⑱ 以上がアルケオロジー的方法によって描き出した、妖怪観の変容のストーリーである。

▼**近代の妖怪**

「私」＝謎めいた「内面」を抱え込んでしまった「不気味なもの」

⬇

「私」を投影した存在としてあらわれるようになる

意味段落ごとに、説明されている内容をつかもう

第一意味段落（①～⑤段落）

「フィクション」や「娯楽」の対象としての「妖怪」はいかなる歴史的背景のもとで生まれたか

妖怪を題材とした文芸作品、大衆芸能が創作されていくのは、近世の中期に入ってから

中世

- 人間は日常的な原因―結果の了解に基づいて、認識、予見し、行動を決定している

＋

- 日常的な因果了解では説明のつかない現象に遭遇すると、不安と恐怖を覚える

←

このような現象を意味の体系のなかに回収するために「妖怪」が生み出された

←

中世の妖怪は切実なリアリティをともなう

↓

フィクションとしては楽しめない

第二意味段落（⑥～⑨段落）

「アルケオロジー」を用いて「妖怪」を分析する

思考や認識を可能にしている知の枠組み「エピステーメー」の変容として歴史を描き出す試み

第三意味段落（⑩～⑱段落）

妖怪観の変容の分析

中世の妖怪

神秘的存在からの「警告」＝「記号」として存在する

……**「リアリティ」を持つ**

⬅

近世の妖怪

形象性、視覚的側面が重要で、「表象（キャラクター）」として存在する

……**「フィクショナル」な存在へ**

⬅

近代の妖怪

妖怪は、謎めいた内面を抱え込んだ「不気味なもの」である「私」を投影した存在になる

……**再び「リアリティ」を持つ存在へ**

解く

問1 漢字問題

ア 民俗　①所属　②海賊　③**良俗**　④継続
イ 喚起　①**召喚**　②返還　③栄冠　④交換
ウ 援用　①沿線　②**救援**　③順延　④円熟
エ 隔てる　①威嚇　②拡充　③**隔絶**　④地殻
オ 投影　①**投合**　②倒置　③系統　④奮闘

問2 傍線部内容説明問題

傍線部の内容を説明する問題です。傍線部を含む一文を分析してみましょう。

本文13行目のここから！

A民間伝承としての妖怪とは、そうした存在だったのである。

まず、傍線部は主部の中にありますね。そして、述部には「そうした」というまとめの指示語がありますので、これより前の部分に書かれた「妖怪」の説明を確認しましょう。

人間は、日常的な原因−結果の了解に基づいて認識、予見し、行動を決定している
＋
日常的な因果了解では説明のつかない現象は、通常の認識や予見を無効化するため、不安と恐怖を覚える
⇦
意味論的な危機に対して、なんとか意味の体系のなかに回収するために「妖怪」が生み出された
⇦
「妖怪」は切実なリアリティをともなう

以上をふまえて正解を選びましょう。

正解は、①の「人間の理解を超えた不可思議な現象に意味を与え日常世界のなかに導き入れる存在。」となります。

他の選択肢を検討してみましょう。

②は、「フィクションの領域においてとらえなおす存在」が誤りです。16行目に「それをフィクションとして楽しもうという感性は生まれえない」とありました。

③は、「目の前の出来事から予測される未来への不安」が誤りです。本文では、「通常の認識や予見を無効化」→「不安」となっていました。

④は、「日常的な因果関係にもとづく意味の体系のリアリティを改めて人間に気づかせる」が誤りです。「妖怪」は「日常的な因果了解では説明のつかない現象」に意味を与えるものでした。

⑤は、「意味論的な危機を人間の心に生み出す」が誤りです。「民間伝承としての妖怪」は「意味の体系のなかに回収する」ために生まれたのです。

問3 傍線部内容説明問題

傍線部の内容を説明する問題です。傍線部を含む一文を分析しましょう。

本文38行目のここから！

では、ここで本書の議論を先取りして、Bアルケオロジー的方法によって再構成した日本の妖怪観の変容について簡単に述べておこう。

文の冒頭に話題転換の接続表現「では」があります。それによって、ここから「日本の妖怪観の変容」の説明が始まるのだとわかります。今回考えなくてはいけないのは「アルケオロジー的方法」ですから、これより前の部分で「アルケオロジー的方法」の説明がされているところを探しましょう。第⑦段落のはじめに「アルケオロジーとは」とあり、主にこの第⑦段落が「アルケオロジー的方法」の説明になっています。

本文22行目のここから！

アルケオロジーとは、通常「考古学」と訳される言葉であるが、フーコーの言うアルケオロジーは、思考や認識を可能にしている知の枠組み――「エピステーメー」（ギリシャ語で「知」の意味）の変容として歴史を描き出す試みのことである。人間が事物のあいだにある秩序を認識し、それにしたがって思考する際に、われわれは決して認識に先立って「客観的に」存在する事物の秩序そのものに触れているわけではない。事物のあいだになんらかの関係性をうち立てるある一つの枠組みを通して、はじめて事物の秩序を認識することができるのである。この枠組みがエピステーメーであり、しかもこれは時代とともに変容する。

まとめると、「アルケオロジー」とは、事物の秩序を認識する枠組み（エピステーメー）の変容として歴史を描き出すことだということになります。

これを根拠として解答しましょう。

正解は、②の「事物のあいだにある秩序を認識し思考することを可能にしている知の枠組みをとらえ、その枠組みが時代とともに変容するさまを記述する方法。」となります。

他の選択肢を検討してみましょう。

①は、「その時代の事物の客観的な秩序を復元して描き出す方法」が誤りです。「『客観的に』存在する事物の秩序」は否定されています。

③では、「物」「言葉」「記号」「人間」という「エピステーメー」の具体例が挙げられていますが、それらを「要素ごとに分類して整理し直す」という説明が誤りです。

④の「ある時代の文化的特徴を社会的な背景を踏まえて分析し記述する方法」というのは本文にないため、誤りです。

⑤は、「一見関係のないさまざまな歴史的事象」「大きな世界史的変動」が誤りです。本文中で述べられていたのは「文化事象」「文化史的変動」についてでした。

第6講 複数テクストの攻略

問4　傍線部内容説明問題

傍線部の内容を説明する問題です。傍線部を含む一文を分析しましょう。

本文61行目のここから！

こうした妖怪の「表象」**化**（変化）は、人間の支配力が世界のあらゆる局面、あらゆる「物」に及ぶようになったことの**帰結**（結果）である。

まず注目したいのは、「**～化**」という言葉です。これは、「**A**から**B**に**変化する**」という意味です。かつての「記号」から近世の「表象」への「**変化**」をとらえましょう。

また、一文の冒頭に「こうした」というまとめの指示語があるので、ここまでに書かれていた内容を確認しましょう。すると、「こうした」は主に第⑭段落の「キャラクターとなった妖怪は完全にリアリティを喪失し、フィクショナルな存在として人間の娯楽の題材へと化していった」「妖怪は『表象』という人工物へと作り変えられたことによって、人間の手で自由自在にコントロールされるものとなった」ことを指しているのだとわかります。

かつての記号　人間は「読み取る」だけ

⬅ **変化**

近世の記号　人間が「作る」ことができる＝「表象」

近世の妖怪　意味を伝えるものであるよりも、むしろ形象性、視覚的側面が重要＝「表象」
妖怪は「リアリティ」を喪失し「フィクショナル」な存在へ（＝表象化）

この「**変化**」の内容をとらえれば、正解することができます。

正解は、②「妖怪が、神霊の働きを告げる記号から、人間が約束事のなかで作り出す記号になり、架空の存在として楽しむ対象になったということ。」となります。

他の選択肢を検討してみましょう。

①は、「人間が人間を戒めるための道具になった」が誤りです。「表象」の説明が間違っています。

③は、「人間世界に実在するかのように感じられるようになった」が誤りです。「リアリティ」は失っています。

④は、「妖怪が、人間の手で自由自在に作り出されるものになり、人間の力が世界のあらゆる局面や物に及ぶきっかけになった」が誤りです。「きっかけ」は原因を表すので、選択肢の内容は「妖怪の表象化（**原因**）」→「人間の力が世界に及ぶ（**結果**）」となっています。しかし、傍線部を含む一文は「人間の力が世界に及ぶ（**原因**）」→「妖怪の表象化（**結果**）」なので、因果関係が逆になっています。**因果関係が逆、または本文にない因果関係が書かれている選択肢は正解にならないので、注意しましょう。**

⑤は、「人間の性質を戯画的に形象した娯楽の題材になった」が誤りです。人間を妖怪とするのは「近代」の話です。ここでは中世から近世への変容を答えることが求められていました。

問5　複数テクスト問題

生徒による【ノート】という形で、本文の理解を深めるための資料が提示されています。

(i) 意味段落の趣旨をとらえる問題

意味段落分けをして「小見出し」をつける問題です。【ノート1】と文章を対応させながら解答しましょう。

正解は、④「Ⅰ 妖怪に対する認識の歴史性／Ⅱ いかなる歴史的背景のもとで、どのように妖怪認識が変容したのかという問い」です。

他の選択肢を検討してみましょう。

①と②にある「Ⅰ 妖怪はいかなる歴史的背景のもとで娯楽の対象になったのかという問い」は、第⑴段落の内容です。また、Ⅱも⑷～⑸段落の内容と合いません。

③は、「Ⅰ 娯楽の対象となった妖怪の説明」が誤りです。第⑵段落で説明されているのは「フィクションとしての妖怪」であり、「娯楽としての妖怪」はその一部分に過ぎません。**タイトルや小見出しをつける問題では、一部分しか説明できていないものは誤りとなります。**

(ii) 意味段落の趣旨をとらえる問題

第⑿段落～第⒄段落の内容を問う問題です。【ノート2】と文章を対応させながら解答しましょう。

まず、【ノート2】を分析します。

近世と近代の妖怪観の違いの背景には、「表象」と「人間」との関係の変容があった。近世には、人間によって作り出された、Ⅲが現れた。しかし、近代へ入るとⅣが認識されるようになったことで、近代の妖怪は近世の妖怪にはなかったリアリティを持った存在として現れるようになった。

近世と近代の説明をまとめると次のようになります。

近世の妖怪
意味を伝えるものであるよりも、むしろ形象性、視覚的側面が重要＝「表象」
妖怪は「リアリティ」を喪失し「フィクショナル」な存在へ

⬅

近代の妖怪
「私」という「不気味なもの」、謎めいた「内面」を表すものに
妖怪は「フィクション」から再び「リアリティ」のある存在へ

Ⅲ

正解は、③「視覚的なキャラクターとしての妖怪」となります。

①の「恐怖を感じさせる」も、②の「神霊からの言葉を伝える記号」も、「中世の妖怪」でした。

④は、「人を化かす」が誤りです。近世の妖怪は「人が作り出す『表象』」なので、「人を化かす」ことはあ

りません。

Ⅳ

正解は、④の「不可解な内面をもつ人間」となります。

他の選択肢は、「私」という不気味なものや謎めいた「内面」の説明になっていないので、誤りです。

(iii) 資料の解釈問題

本文と資料を重ねて解釈する問題です。今回は本文の「近代において『私』が私にとって『不気味なもの』となったということ」を解釈するための資料として、芥川龍之介の小説「歯車」が引用されています。

近代に特有の「私」＝「不気味なもの」
⬅
芥川龍之介「歯車」の「第二の僕」

以上より、Ⅴ に入る内容を推測して解答しましょう。

正解は、②の「『歯車』の僕は、自分には心当たりがない場所で別の僕が目撃されていたと知った。僕は自分でドッペルゲンガーを見たわけではないのでひとまずは安心しながらも、もう一人の自分に死が訪れるのではないかと考えていた。これは、『私』が自分自身を統御できない不安定な存在であることの例にあたる。」となります。

他の選択肢を検討してみましょう。

①は、「他人の認識のなかで生かされているという神秘的な存在」が誤りです。本文では「未知なる可能性を秘めた神秘的な存在」と説明されていました。

③は、「会いたいと思っていた人の前に別の僕が姿を現していた」「別の僕が自分に代わって思いをかなえてくれた」が誤りです。「別の僕」は、僕自身にとっても「謎（＝思ってもいない）」なことをしたのです。

④は、「自分が分身に乗っ取られるかもしれないという不安」が誤りです。

⑤は、「他人にうわさされることに困惑していた」が誤りです。K君の夫人におぼえのないことを言われて当惑したのです。

解答　（50点満点）

問1　ア③　イ①　ウ②　エ③　オ①　（2点×5）
問2　①　（7点）
問3　②　（7点）
問4　②　（7点）
問5　（ⅰ）④　（5点）
　　（ⅱ）Ⅲ③　Ⅳ④　（3点×2）
　　（ⅲ）②　（8点）

今回の問題では、問5が「**複数テクスト**」の問題でした。設問の中に芥川龍之介の小説の一部が引用されていたので戸惑った人もいるかもしれませんが、きちんと「メインの文章」をもとに考えていけば正解できるようになっていましたね。

まずは「メインの文章」を攻略することが、「複数テクスト」問題を制するコツなのです。

覚醒 ポイント

「複数テクスト」の問題は、「メインの文章」に関連するものが出題される。まずは「メインの文章」をしっかりと攻略し、「関連資料」を読むための土台を作る。

PART 2

第2部

文学的文章の「読」と「解」

第0講

文学的文章こそ論理的に読む

原因と心情を「つなげる」テクニックが、文学的文章の誤読をなくす！

第2部では、**文学的文章の「読」と「解」**について学んでいきましょう。

文学的文章としては、主に「**小説文**」と「**随筆文**」の二つが出題されます。

まずは「**小説文**」の基本を学びましょう。

第1部では、**論理的文章**には「**分ける**」タイプと「**つなげる**」タイプがあることを学びました。文学的文章にも、この考え方を利用できます。

小説文は基本的に「つなげる」タイプの文章です。「**原因**」と「**心情**」のつながりを意識して読みましょう。「サッカーの試合で決勝点を挙げた。だから、最高にハッピーになった」というように、**ある「心情」が発生する因果関係を確認しながら読むのです**。

小説文では、「原因」と「心情」をつなげて読む。

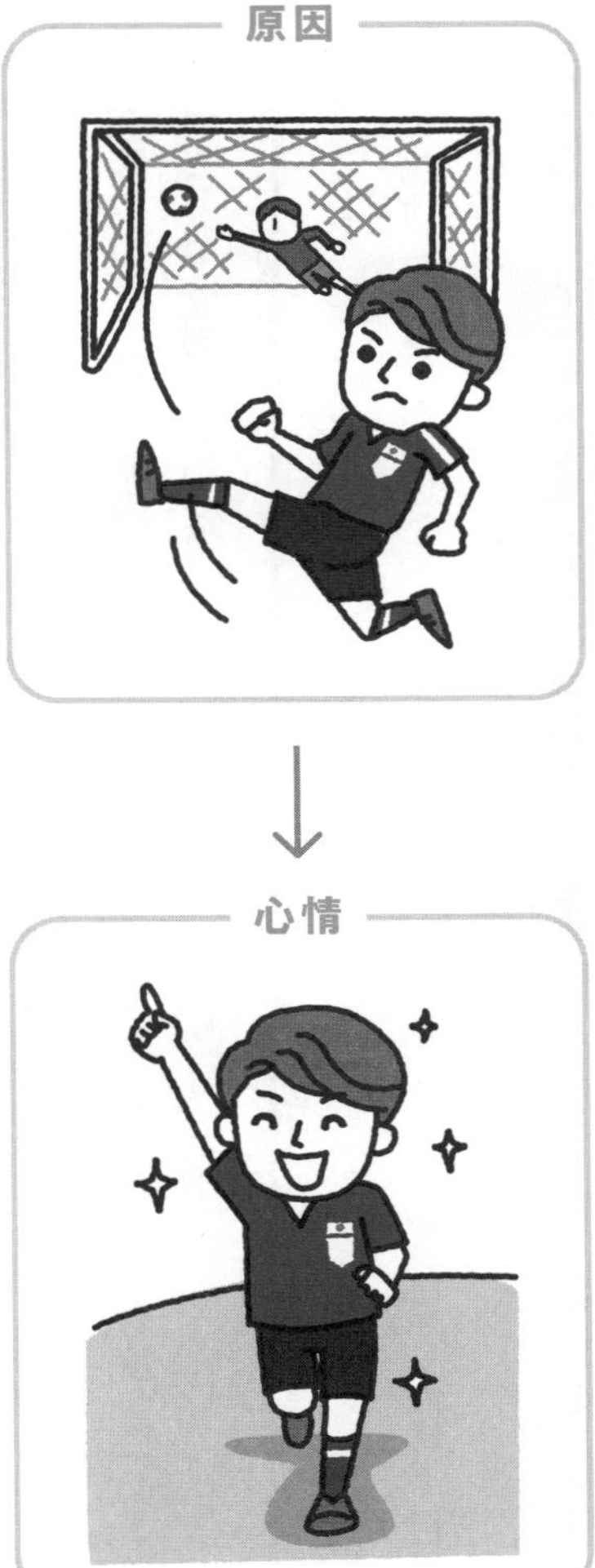

また、**覚醒Check!**▶**「心情」には四つのフレームワークがあります。**

①単純な心情
……「原因」「心情」「結果（行動・反応・発言）」がワンセットになっている基本のカタチ

「好きな人に告白したらOKをもらえた（**原因**）」→「めちゃくちゃうれしかった（**心情**）」→「思わずガッツポーズした（**結果**）」などがわかりやすいでしょう。

②心情の変化

……「心情A」→「変化の原因」→「心情B」というカタチ

「落ち込んでいた（**心情A**）」→「ところが、大好きな人が慰めてくれた（**変化の原因**）」→「前向きな気持ちになった（**心情B**）」といった変化がイメージしやすそうですね。

③結合原因の心情

……「原因A（出来事）」+「原因B（特殊事情）」→「心情」というカタチ

「**結合原因の心情**」は、「**原因**」となる出来事を確認しても、なぜその「**心情**」になるのかがよくわからないもの。つまり、「**原因**」と「**心情**」の間に「飛躍」があるものです。

たとえば、「親に厳しく叱られた（**原因**）」→「安心した（**心情**）」というつながりがあったとします。常識的に考えると、「厳しく叱られたのに、なぜ安心したんだろうか？」と疑問に思いますよね。ところが、本文中の別の場所に「自分が悪いことをしたのはわかっている。いっそ叱ってくれればいいのに」と書いてあれば、「もともと叱ってほしかったのだな」とわかります。

このように「親に厳しく叱られた（**原因A**／**出来事**）」+「いっそ叱ってほしいと思っていた（**原因B**／**特殊事情**）」→「安心した（**心情**）」の流れになっているものが「**結合原因の心情**」です。

④心情の交錯……（「原因A」→「心情A」）＋（「原因B」→「心情B」）というカタチ

「心情の交錯」は、相反する「**心情A**」と「**心情B**」が同時に存在するカタチです。大学入試に合格したときに、こんな心情になるかもしれません。「第一志望校に合格してうれしくなった。ただ、同時にさみしくもあった。クラスメイトと離ればなれになるからだ。」という文では、「うれしくなった」と「さみしくもあった」が相反する「**心情**」ですね。つまり、二つの因果関係があることがわかります。

● 「第一志望校に合格した」（**原因A**）→「うれしくなった」（**心情A**）
● 「クラスメイトと離ればなれになる」（**原因B**）→「さみしくもあった」（**心情B**）

このようにそれぞれの「**つながり**」を区別して理解することが大切です。

次に、「**随筆文**」について学びます。

随筆文は「小説文」と「評論文」のあいだのものとイメージするといいでしょう。「評論文」の具体例の代わりに筆者の体験談やエピソードが入っていて、体験談の部分がストーリー的になっていることがよくあります。ですから、体験談の部分は「小説文」と同じように読んでください。そして、本文全体では体験談が筆者の言いたいことにどう関係しているのかを意識して読むといいでしょう。

こう考えると、**「随筆文」も基本的には「つなげる」タイプの文章だと考えて問題ありません。**

「筆者の体験談・エピソード」→「筆者の気持ち・言いたいこと」へのつながりを確認しながら読めばいいんです。

ただ、「随筆文」は「評論文」と比べると、つながりが弱いことがあります。そのため、エピソードと筆者の言いたいことがどうつながっているのかを発見していくことが大切です。

また、「随筆文」の一部が「**分ける**」タイプの文章になっていることもあります。エピソードの部分が「**差異（違い）**」や「**類似（共通点）**」のカタチになっているようなケースです。このような場合は「**分ける**」タイプの文章の読み方を利用しましょう。

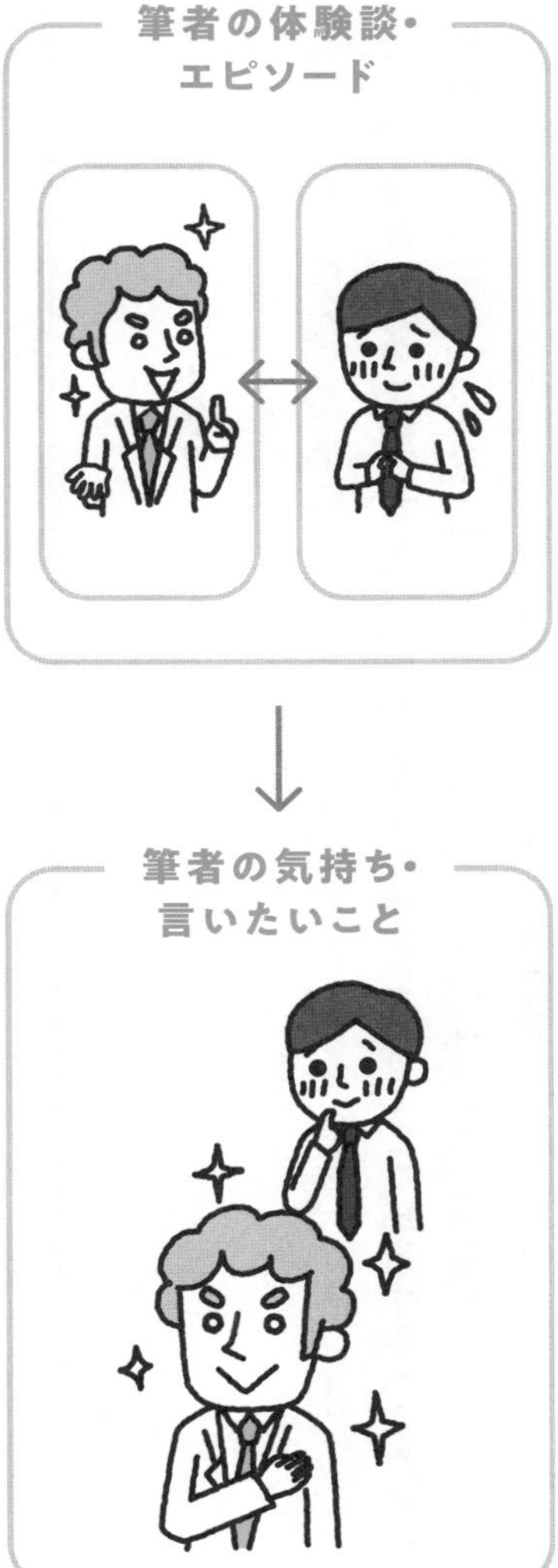

次のページから、さらにくわしく**文学的文章**について学んでいきます。
基本的には「**つなげる**」タイプの文章であることを意識しながら、勉強していきましょう。

覚醒ポイント

小説文も随筆文も、基本的には「つなげる」タイプの文章。
小説文では「原因」→「心情」のつながりをつかみ、
随筆文では「体験談」→「筆者の言いたいこと」のつながりをつかむ。

第1講

「小説文」の攻略

小説文では、誰が見ても同じようにとらえられる原因と結果のつながりが問われる！

今回は、「**小説文**」の読み方について学びましょう。

小学校の国語の授業などで「小説（物語）は、自由に想像して読みましょう」と言われてきた人は多いのではないでしょうか。また、「小説には読者の数だけ読み方がある」と教えられた人もいると思います。実際、大学の文学研究の場では、「自分独自の読み方」がテーマになったりもします。

それでは、入試に「**小説文**」が出たときはどうでしょうか。

実は受験の現代文には、学校の授業とはまったく異なる「あるべき姿」があります。それは、**誰か一人の主観でなく、客観的に考えて本文に合うことを理解するべきだというもの**です。「自分独自の読み方」や「自由な想像」が求められているわけではないのですね。

したがって設問になるのも、**誰が見ても同じように読み取れること**になります。たとえば、選択肢の中から自分の考えに近いものを選ぶといったことをして、不正解にならないよう気をつけましょう。

大学入試の小説文では、誰がどう見ても同じように読み取れることが問われる。

「**小説文**」では、誰がどう見ても客観的に正しいことを読み取るのが大切。これを前提にしたうえでみなさんに意識してもらいたいのは、**「原因」→「心情」のつながりをしっかり読み取ること**です。

このときに大切なのは、まずは登場人物の「**心情**」を確認しながら読み進め、そのあとに「**原因**」を考えること。**「小説文」の中心はいつでも人物の「心情」だと考えてください。**

小説文を読むときには、「原因」→「心情」というつながりを意識する。

また、短い時間の中での因果関係だけでなく、**長い時間の中の因果関係**に目を向けることも大切です。

たとえば、「体育祭のリレーのアンカーに選ばれた。だから、うれしくなった」という「**心情**」のつながりがあったとしましょう。この例では、「リレーのアンカーに選ばれた」という「**原因**」が「うれしくなった」という「**心情**」につながっていきます。非常にわかりやすい因果関係ですね。

それでは、「リレーのアンカーに選ばれた。しかし、うれしくなかった」というつながりではどうでしょうか。因果関係として正しいかどうか疑問が生じますよね。ところが、「うれしくなかった」という「**心情**」のあとに、たとえば過去の出来事として「一年前にもアンカーに選ばれたが、ゴール直前で抜かれてしまったのだ」と書いてあったとします。すると、長い時間の中で因果関係ができますね。「一年前にアンカーに選ばれゴール直前に抜かれた」→「今年アンカーに選ばれた」→「うれしくなかった」という「**原因**」と「**心情**」のつながりです。

このように、短い時間の中だけでなく、長い時間軸で「**原因**」と「**心情**」をとらえる必要があるケースもあります。その場合には、「**心情**」のあとに「**原因**」が書かれていることもあるので注意してください。

長い時間の中に「原因」→「心情」というつながりがある場合もある。

それでは、「**原因**」と「**結果**」のつながりを意識しながら問題を解いてみましょう。

【別冊】問題編 ▼66ページ

演習の目安時間 20分

読む

次の文章は、井上荒野《いのうえあれの》の小説「キュウリいろいろ」の一節である。郁子は三十五年前に息子を亡くし、以来夫婦ふたり暮らしだったが、昨年夫が亡くなった。以下は、郁子がはじめてひとりでお盆を迎える場面から始まる。これを読んで、後の問い（問１～６）に答えよ。

おいしいビールを飲みながら、郁子は楊枝《ようじ》をキュウリに刺して、二頭の※馬を作った。本棚に並べた息子と夫の写真の前に置く。

キュウリで作るのは馬、茄子《なす》で作るのは牛の見立てだという。郁子は田舎の生まれだから、実家の立派な仏壇にも、お盆の頃には提灯《ちょうちん》と一緒にそれらが飾られていた。足の速い馬は仏様がこちらへ来るときに、足の遅い牛は仏様が向こうへ戻るときに乗っていただくのだという。

過去（回想）

実家を出てからも、郁子は毎年それを作ってきた。三十五年間――息子の草《そう》が亡くなってからずっと。馬に乗って帰ってきてほしかったし、一緒に連れていってほしかった。あるときそれを夫に打ち明けてしまったことがある。キュウリの馬を作っていたら、君はほんとにそういうことを細々と熱心にやるねと、からかう口調で言われて、なんだか妙に腹が立ったのだ。あの子と一緒に乗っていけるように、立派な馬を作ってるのよ。言った瞬間に後悔したが、遅かった。俊介は何も言い返さなかった。ただ、それまでの無邪気な微笑《ほほえ》みがすっと消えて、暗い、寂しい顔になった。

後悔はしたのだ、いつも。だがなぜか再び舌が勝手に動いて、憎まれ口が飛び出す。そういうことが幾度もあった。俊介はたまったものではなかっただろう。いつも黙り込むだけだったが、いちどだけ［ア］腹に据えかね

リード文には、読解に必要な情報が書かれているので、注意して読みましょう。

第一意味段落

まずは、時間の前後関係（過去の出来事）に注意して、あらすじをつかみましょう。

三十五年前
原因 息子を亡くす
⬅
心情 ひとりでは耐えきれない深い悲しみ

たのか[a]「別れようか」と言われたことがあった。

別れようか。俺と一緒にいることが、そんなにつらいのなら……。

いやよ。郁子は即座にそう答えた。とうとう夫がその言葉を言ったということに[イ]戦《おのの》きながら、でもその衝撃を悟られまいと虚勢を張って。

過去の心情

あなたは逃げるつもりなのね？　そんなの許さない。わたしは絶対に別れない。

震える声を抑えながら、そう言った。それは本心でもあった。息子の死、息子の記憶に、ひとりでなんかとうてい耐えきれるはずがなかった。だから昨年、俊介が死んでしまったときは、怒りがあった。とうとう逃げたのね、と感じた。怒りは悲しみよりも大きいようで、どうしていいかわからなかった。

現在

郁子はビールを飲み干すと、息子の写真を見、それから夫の写真を見た。キュウリの馬は、それぞれにちゃんと一頭ずつ作ったのだった。帰りの牛がないけれど、べつに帰らなくたっていいわよねえ、と思う。[b]馬に乗ってきて、そのままずっとわたしのそばにいればいい。

[A]写真の俊介が苦笑したように見えた。亡くなる少し前、友人夫婦と山へ行ったときの※スナップ。会話しながら笑っている顔。いかにも愉《たの》しげなゆったりとした表情をしているが、あとから友人にあれはあなたと喋《しゃべ》っているときよと教えられた。嘘《うそ》だわと思い、本当かしらとも思った。

数日前の同級生からの用件は、俊介の写真を借りたい、というものだった。名簿は一ページを四人で分割する形にして、本人が書いた簡単なプロフィールとともに、高校時代のスナップと、現在の写真を並べて載せたいのだという。この写真を貸すことはできるが、そうしたら返ってくるまでの間、書棚の額の片方が空になってしまう。

そのことが目下の懸案事項なのだった。写真を探さなければならない、と郁子は思った――じつのところ、

昨年

原因　夫を亡くす

⬅ 心情　（息子を亡くした悲しみから）とうとう逃げたと感じ、怒りを覚えた

俊介が「苦笑したように見えた」とあるので、そのように見えた「原因」を確認しましょう。

原因　「（キュウリの）馬に乗ってきて、そのままずっとわたしのそばにいればいい」

⬅ 俊介の心情　郁子の願いは十分にわかるが、どうすることもできない

⬅ 行動　苦笑

この数日ずっとそう思っていた。夫と暮らした約四十年間の間に撮ったり、撮られたりして溜《た》まったスナップ写真は、押し入れの下段の布張りの箱に収まっている。箱の上には俊介が整理したアルバムも三冊ある。あれを取り出してみなければ。郁子はそう考え、なんだかもうずっと前、三十年も四十年も前から、そのことばかり考え続けていたような気がした。

場面転換

お盆にしては空《す》いてるわね、と思った電車は乗り継ぐほどに混んできた。郁子が向かう先は都下とはいっても西の端の山間部だから、帰省する人もいるだろうし遊びに行く人もいるのだろう。

リュックを背負った中高年の一団に押し込まれるように車内の奥に移動すると、B 少し離れた場所に座っていた若い女性がぱっと立ち上がり、わざわざ郁子を呼びに来て、席を譲ってくれた。どうもありがとう。やや面食らいながらお礼を言って、ありがたく腰を下ろした。

女性は、彼女の前に立っていた男性と二人連れらしかった。郁子が座ると、気を遣わせまいとしてか二人は離れた場所へ移動していった。恋人同士か、夫婦になったばかりの二人だろう。

過去（回想）

（三十数年前、ちょうど今の女性くらいの年の頃、同じこの電車に乗って同じ場所を目指していたことがあった。時間もちょうど同じくらい――午前九時頃。あのときも郁子は席を譲られたのだった。譲ってくれたのは年配の男性だった。男性の妻が郁子の隣に座っていたので、男性はそのままそこにいた。二人の女性が座り、向き合って二人の男性が立っているというかたちになって、四人でいくらかの言葉を交わした。何ヶ月くらいですか？　と男性の妻が郁子に訊《たず》ね、四ヶ月ですと郁子は答えた。よくおわかりになりましたね、と俊介が単純に不思議がっている口調で言った。郁子のお腹《なか》はまだほとんど目立たない頃だったから。経験者ですから、と男性の妻は笑い、奥さんじゃなくてご主人の様子を見ていればわかります、と男性が笑ったのだった。）

> 以前にも「キュウリの馬」について、俊介と話をしたことがありましたね。昔も今も、郁子はどうすることもできないことを願ってしまっています。

第二意味段落

> ここで場面が転換していますね。時間の変化に注意しましょう。

> 若い女性に席を譲られたことで、郁子は過去の出来事を思い出しています。

原因 若い女性に席を譲られる
⬅
結果 似たような過去を思い出す

現在

山の名前の駅に着き、リュックサックの人たちが降りると、車内はずいぶん見通しがよくなった。気のせいかもしれないが温度も幾分下がったように感じられる。郁子は膝の上のトートバッグから封筒を取り出した。封筒の中には俊介の写真が十数枚入っている。

結局、本棚の上の遺影はそのままにしておくことにして、名簿用にはこの十数枚の中のどれかを使ってもらうつもりだった。もっとも十数枚を持ってきたのは、今日これから会う約束をしている俊介の元・同級生に見せるためというよりは、自分のためかもしれない。じつのところ、押し入れから箱を取り出しその蓋をとうとう開けてからというもの、写真を眺めるのは毎晩の日課のようになっていた。写真なんて見たくない、見ることなんてできない、とずっと意固地になっていたのに、ひとたびその枷《かせ》が外れると、幾度繰り返し見ても足りなかった。

持ってきた写真は、結婚したばかりの若い頃のから、亡くなった年のものまでに渡っている[c]（なるべく最近の写真を、というのが電話してきた同級生の希望だったのだから、彼のためではないことはやはりあきらかだ）。[d]食事をしている俊介、海の俊介、山の俊介、草を抱く俊介、寺院の前の俊介、草原の俊介、温泉旅館の浴衣を着た俊介。どの俊介もカメラに向かって照れくさそうに微笑み、そうでないときは――本人に気づかれずに誰かが撮影したのだろう――いかにも愉しげに笑ったり、あるいはどこか子供みたいな熱心な顔で、何かを注視したり、誰かの言葉に耳を傾けたりしている。

心情の変化

郁子にとっては驚きだった。もちろん喧嘩《けんか》の最中や、不機嫌な顔をしているときにわざわざ写真を撮ったりはしないものだが、それにしてもこんなに幸福そうな俊介の写真が、これほどたくさんあるなんて。しかもそういう写真は、草がいた頃だけでなく、そのあとも撮られているのだった。

たしかに草が亡くなってしばらくは二人とも家にじっと閉じこもり、写真を撮ることにも撮られることにも

写真を見たことによって、郁子の心情がどのように変化したかを確認しましょう。

心情A 写真を見たくないと意固地になっていた
⬅ 変化の原因 俊介の友人に頼まれて写真を取り出した
⬅ 心情B 繰り返し見ても足りない

写真を見て、郁子は驚きを感じています。

原因① 草が亡くなって、写真に無縁になった
＋ 原因②

無縁だった。それでもいつしか外に出て行くようになり、そうして笑うようにもなっていったのだ。植物が伸びるように人間は生きていく以上は笑おうとするものだ。そんなことはわかっている、と思っていたが、そのことをあらためて写真の中にたしかめると、それはやはり強い驚きになった。当然のこととして何枚かの写真には郁子自身も写っていた。やはり笑って。俊介と顔を見合わせて微笑み合っている一枚すらある。[c]郁子はまるで見知らぬ誰かを見るようにそれらを眺め、それが紛れもない自分と夫であることを何度でもたしかめた。

写真の中で自分たち夫婦が笑い合っていた
⬅ 心情 驚き

このあたりから、俊介に対する郁子の心情が変わり始めていますね。

第三意味段落

場面転換

[e]「鹿島さん？　でしょ？」

俊介の元・同級生の石井《いしい》さんに、改札口を出たら電話をかけることになっていたが、公衆電話を探そうとしているところに声をかけられた。石井さんは、見事な白髪の上品そうな男性だった。

新しい登場人物が出てくるところで場面が転換することが多いので、注意しましょう。

「今時携帯電話を持ってないなんて、いかにも俊介の奥さんらしいですから」

すぐわかりましたよ、と石井さんは笑った。

「お盆休みにお呼びだてしてごめんなさい」

石井さんの感じの良さにほっとしながら、郁子は謝った。

「いやいや、お呼びだてしたのはこちらですよ。わざわざ写真を持ってきていただいたんですから。それにもう毎日が休みみたいなものだから、盆休みといったってとりたてて予定もありませんしね。お申し出に、大喜びで参上しました」

写真は自分でそちらへ持っていきたい、そのついでに、俊介が若い日を過ごしたあちこちを訪ねて歩きたいのだ、と郁子は石井さんに言ったのだった。石井さんに写真を渡したら自分ひとりでぶらぶら歩くつもりでいたのだが、石井さんは案内する気満々でやってきたようだった。

「第一、こんな炎天下に歩きまわったら倒れますよ」

駅舎の外に駐《と》めてあった自転車に跨《また》がった石井さんは、「どうぞ」と当たり前のようにうしろの荷台を示した。郁子はちょっとびっくりしたけれど、乗せてもらうことにした。

「まず僕らの母校へ行ってから、[f]名所旧跡を通って駅のほうへ帰ってきましょう。なに、あっという間ですよ」

トートバッグを前のカゴに入れてもらい、郁子は荷台に横座りした[g]（さすがに初対面の男性の腰に腕を巻きつけることはできなくて、遠慮がちにサドルの端を摑《つか》んだ）。自転車は風を切って走り出した。たしかに炎天ではあったが、石井さんは上手に日陰を選んで走ったので、さほど暑さは感じなかった。アスファルトより土が多い町だから、気温が都心よりも低いということもあるのかもしれない。

「この町ははじめてですか?」
[h]「いいえ……彼と一緒になったばかりの頃に一度だけ」
[i]それ以後、[j]一度も来訪することはなかったのだった。広い庭がある古い木造の家に当時ひとり暮らしだった義母は、それから数年後に俊介の兄夫婦と同居することになり、家と土地は売却されたから。そのたった一度の機会も、郁子が妊娠中だったこともあり駅から俊介の実家へ行く以外の道は通らなかった。それでも今、自転車のスピードに合わせて行き過ぎる風景のところどころに、懐かしさや既視感を覚えて郁子ははっと目を見開いた。
十分も走らないうちに学校に着いた[k]（それでも自分の足で歩いたら三十分はかかっただろうから、郁子は石井さんの好意にあらためて感謝した）。ケヤキや銀杏《いちょう》の大木がうっそうと繁《しげ》る向こうに、広々した校庭と、すっきりした鉄筋の建物が見える。校庭では女生徒たちがハードルの練習をしている。二十年くらい前に共学

俊介の通っていた高校に到着しました。ここで大きく心情が変化します。

になって、校舎も建て替えたんですよね、と石井さんが言った。

しばらく外から眺めてから、正門から正面の校舎まで続くケヤキ並木を通り、屋根の下をくぐり抜けて裏門へ出た。守衛さんに事情を話せば校内の見学もできるだろうと石井さんは言ったが、[D]その必要はありませんと郁子は答えた。心情の変化 何かを探しに来たわけではなかったし、もしそうだとしても、もうそれを見つけたような感覚があった。

原因
何かを見つけたような感覚があった
⬅
心情
呆然

見事なケヤキの並木のことは、かつて俊介から聞いていた。高校時代俊介はラグビー部だったことや、女子校の生徒と交換日記をつけていたことも。何かの拍子にそういう話を聞かされるたびに、[1]その時代の俊介に会ってみたい、と思ったものだった。

そして頭の中に思い描いていた男子校の風景が、今、自分の心の中から取り出されて、眼前にあらわれたのだという気がした。それが、ずっと長い間——夫を憎んだり責めたりしている間も——自分の中に保存されていたということに郁子は呆然《ぼうぜん》とした。呆然としながら、詰め襟の学生服を着た十六歳の俊介が、ハードルを跳ぶ女子学生たちを横目に見ながら校庭を横切っていく幻を眺めた。

郁子は、自分の中に俊介の存在を確かに感じているのですね。

意味段落ごとに、説明されている内容をつかもう

第一意味段落（1〜36行目）

三十五年前に、息子の草を亡くす
……ひとりでは耐えきれない**深い悲しみがあった**

昨年、夫の俊介を亡くす
……（息子を亡くした悲しみから）とうとう逃げたと感じ、**怒りを覚えた**

俊介の同級生から俊介の写真を貸してほしいと頼まれ、久しぶりに俊介の写真を見た　**変化の原因**

第二意味段落（37〜74行目）

電車で席を譲られた
三十数年前に草がお腹の中にいたときにも、同じように席を譲られたことがあった

当時の俊介のことを思い出す

持ってきた写真の中で、草が亡くなった後も自分たち夫婦が笑いあっていることに気づいた

強い驚きを感じる 心情の変化

第三意味段落（75〜118行目）

俊介の故郷に着いて、俊介の高校の様子を見た

高校時代の俊介に会ってみたいという思いが自分の中にずっと保存されていたことに気づいた

俊介に対する素直な気持ちを再確認する 心情の変化

解く

問1　語句の意味の問題

小説の「語句の意味の問題」では、まず「辞書的な意味」を解答するようにしましょう。それでも解けない場合は、文脈から意味を確定させます。

アは、②「我慢ができなかった」が正解です。
イは、⑤「ひるんでおびえながら」が正解です。
ウは、⑤「制約がなくなる」が正解です。

今回の問題は、すべて「辞書的な意味」で解答できました。

問2　傍線部心情把握問題

傍線部の「**心情**」を説明する問題です。傍線部を分析しましょう。

本文25行目のここから！

A 写真の俊介が苦笑した（結果＝反応）ように見えた。

文構造を分析すると、主部は「写真の俊介が」となっています。実際に苦笑してはいないのですが、そのように見えたのは何か「**原因**」があると考えられますね。

そして、「苦笑」というのは「**苦＝マイナスの心情**」「**笑＝プラスの心情**」の二つが同時に存在する「**心情の交錯**」です。それぞれの「**原因**」をとらえて解答しましょう。

まず「**笑＝プラスの心情**」の「**原因**」は直前の「馬」に関する郁子の心の中の声です。

原因① 馬に乗ってきて、そのままずっとわたしのそばにいればいい
⬅
心情 郁子の願いは十分にわかる
⬅
行動 笑う

もう一つの「**苦＝マイナスの心情**」の原因については、この「**原因①**」の前（過去）で、郁子が「キュウリの馬」を作りながらどのような発言をしていたのかをとらえましょう。本文の6～11行目にあるように、かつての郁子は、息子のいるあの世に自分も行きたいと言っていました。この発言も、先ほど確認した「馬に乗ってきて、そのままずっとわたしのそばにいればいい」という発言も、郁子の正直な気持ちですが、それをかなえることは不可能で、どうすることもできません。

原因② 「あの子と一緒に乗っていけるように、立派な馬を作ってるのよ」（過去の事情）
＋
原因① 馬に乗ってきて、そのままずっとわたしのそばにいればいい
⬅
心情 郁子の願いは十分にわかるが、どうすることもできない
⬅
行動 苦笑

郁子は、かつてと今とでちがうことを言っている自分に対して、俊介が「郁子の願いは十分にわかる」という理解（**プラスの心情**）と「どうすることもできない」という困惑（**マイナスの心情**）を抱くだろうと想像しているのですね。

正解は、③の「かつては息子の元へ行きたいと言い、今は息子も夫も自分のそばにいてほしいと言う、身勝手な自分のことを、夫はあきれつつ受け入れて笑ってくれるだろうと想像しているから。」です。

他の選択肢を検討しましょう。

①は、「嫌な気持を抑えて」が誤りです。今回は「**心情の交錯**」なので、「**プラスの心情**」と「**マイナスの心情**」が同時に存在しなければいけません。

②は、「自分が憎まれ口を利いても、たいていはただ黙り込むだけだったことに」とありますが、これは「苦笑」の「**原因**」ではないため、誤りです。

④は、「今も皮肉交じりに笑っている」が誤りです。これだと「**マイナスの心情**」のみになってしまいます。

⑤は、「夫に甘え続けていたことに今さら気づいた自分の頼りなさ」という「**原因**」部分が誤りです。

問3 傍線部心情把握問題

傍線部をもとにして、「**心の動き（心情の移り変わり）**」を説明する問題です。傍線部を分析しましょう。

本文39行目のここから！

B 少し離れた場所に座っていた若い女性がぱっと立ち上がり、わざわざ郁子を呼びに来て、席を譲ってくれた。

文構造を分析すると、主部は「少し離れた場所に座っていた若い女性」となっています。問われているのは「郁子の心の動き」ですから、設問に書かれている通り、傍線部は「**きっかけ**」ということになります。「**きっかけ**」は「**原因**」と同様に、「**結果**」とつなげてとらえましょう。

この後、郁子がどのようなことを思うのかを確認します。すると、傍線部の「若い女性」の行動をきっかけとして、似たような自分の過去を思い出すという展開になっています。

原因 少し離れた場所に座っていた若い女性がぱっと立ち上がり、わざわざ郁子を呼びに来て、席を譲ってくれた

⬇

結果 腰を下ろして、似たような過去を思い出す

このように整理すると、郁子の心の動きが見えてきます。

特に、過去の回想シーンの中の「同じ」という言葉や「あのときも」というような言葉から、「**類似**」のフレームをとらえられていれば正解できます。

正解は、①の「三十数年前にも年配の夫婦が席を譲ってくれたことを思い起こし、他人にもわかるほど妊娠中の妻を気遣っていた夫とその気遣いを受けていたあの頃の自分に思いをはせている。」です。

他の選択肢を検討しましょう。

②は、「感謝しつつも、物足りなく思っている」が誤ります。「つつも」という言葉で余計な「**心情**」である「物足りなく思っている」をつけ加えています。**本文で「A」と書いてあるのに、選択肢で「AかつB」と余計なものをつけ加えているものは誤りとなります**。

③は、「まだ席を譲られる年齢でもないと思っていたのに譲られたことに戸惑いを感じ」という部分が「**原因**」「**心情**」ともに違うので、誤りです。

④は、「不思議な巡り合わせを新鮮に感じている」という点が誤りです。過去に似たような出来事があったことを思い出しているのですから、「懐かしい」に近い「**心情**」です。

⑤は、「時の流れを実感している」という「**心情**」部分が誤りです。先ほど確認したように、郁子は昔の夫と自分のことを思い出しているのです。「時の流れ」を実感しているのではありません。

傍線部の「**心情**」を説明する問題です。傍線部を分析しましょう。

本文73行目のここから！

郁子は<u>まるで見知らぬ誰かを見るようにそれらを眺め、それが紛れもない自分と夫であることを何度でもたしかめた。</u>

文構造を分析すると、主語は「郁子」となっています。郁子の「**心情**」が問われていますから、「**原因**」と「**心情**」をとらえにいきましょう。

原因 写真の中で自分たち夫婦が笑い合っている
⬅
心情 驚き
⬅
行動 郁子はまるで見知らぬ誰かを見るようにそれらを眺め、それが紛れもない自分と夫であることを何度でもたしかめた

「写真の中で自分たち夫婦が笑い合っている」が原因なのに、「驚く」という心情には普通はなりません。ここに「飛躍」があります。

このように、「**原因**」と「**心情**」の間に「飛躍」がある場合は、「**結合原因の心情**」を考えるのでしたね。郁子にはどんな特殊事情があるのかというと、草という息子を亡くした後、悲しみに暮れていたという事情があ

りました。これを考えると、次のようになります。

原因① 草が亡くなってしばらくは二人とも家にじっと閉じこもり、写真を撮ることにも撮られることにも無縁だった

＋

原因② 写真の中で自分たち夫婦が笑い合っている

⬅

心情 驚き

⬅

行動 郁子はまるで見知らぬ誰かを見るようにそれらを眺め、それが紛れもない自分と夫であることを何度でもたしかめた

これで「驚き」の「**原因**」がわかりました。

正解は、④の「息子の死にとらわれ、悲しみのうちに閉じこもるようにして夫と生きてきたと思っていたが、自分も夫も知らず知らず幸福に向かって生きようとしていた。写真に写るそんな自分たちの笑顔は思いがけないものだった。」となります。「**結合原因の心情**」を意識して解答を選びましょう。

他の選択肢を検討しましょう。

①は、「そこにはどこかの幸せな夫婦が写っているとしか思われなかった」が誤りです。本文には「自分たちであることをたしかめた」とありました。

②は、「息子を亡くした悲しみに耐えて明るく振る舞っていた夫から、距離をとりつつ自分は生きてきたと思っていた」という部分が原因①の「**特殊事情**」としては誤りです。

③は、「容易には受け入れがたく思われた」という部分が「驚き」と異なるため、誤りです。

⑤は、「互いに傷つけ合った記憶があざやかである」という点が余計なものをつけ加えていて、誤りです。

問5 傍線部心情把握問題

傍線部の「**心情**」を説明する問題です。傍線部を分析しましょう。

本文109行目のここから！

Dその必要はありません

と郁子は答えた。（結果＝発言）

傍線部は「郁子」の発言になっていますから、「**原因**」と「**心情**」をとらえにいきましょう。

原因 守衛さんに事情を話せば校内の見学もできるだろうと石井さんは言った

⬇

心情 ？？？

⬇

行動 その必要はありませんと郁子は答えた

なぜ「その必要はない」のかわかりませんから、郁子には何か特殊な「**事情**」があるのだろうと考えられます。あれ、このパターンは 問4 でもやりましたね。そうです、「**結合原因の心情**」です。すると、傍線部の後ろに郁子の「**事情**」が出てきます。

原因① 守衛さんに事情を話せば校内の見学もできるだろうと石井さんは言った
＋
原因② 何かを見つけたような感覚があった
ずっと長い間――夫を憎んだり責めたりしている間も――詰め襟の学生服を着た十六歳の俊介が自分の中に保存されていた
⬅
心情 自分の中に夫の存在があることに気づいた
⬅
行動 その必要はありませんと郁子は答えた

これで郁子の「**心情**」がわかりました。

正解は、③「夫が若い頃過ごした町並みや高校を訪ねるうちに、いさかいの多かった暮らしの中でも、夫のなにげない思いや記憶を受け止め、夫の若々しい姿が自分の中に刻まれていたことに気がついた。そのような自分たち夫婦の時間の積み重なりを実感することができたから。」となります。「**結合原因の心情**」を意識して解答を選びましょう。

他の選択肢を検討しましょう。

①は、「今まで夫を憎んでいると思い込んでいた」が誤りです。「ずっと長い間――夫を憎んだり責めたりしている間も――」とあり、「ずっと長い間」の中には「憎んだり責めたりしている間も」、そうではないときも、両方あったことを表しています。

②は、「高校時代から亡くなるまでの夫の姿」という部分が誤りです。現れたのは「十六歳の夫の姿」です。

④は、「自分の新しい人生の始まりを予感することができた」という点が、余計なものをつけ加えているため、誤りです。

⑤は、「自分と夫は重苦しい夫婦生活からようやく解放されたのだ」という部分が誤りです。何かを見つけたような感覚があったから、「その必要はありません（見る必要はない）」と答えたのです。

問6 表現の問題

本文の表現の特徴を問う問題です。選択肢を分析して、本文と対応させましょう。また、「適当でないもの」を答えることにも注意しましょう。

正解は、③と⑥です。

③の「傍線部c、傍線部g、傍線部kでは郁子の心情が（　）の中に記されている。ここでは、（　）の中に入れることによって、その内容が他人に隠したい郁子の本音であることが示されている。」について、たしかに傍線部k「（それでも自分の足で歩いたら三十分はかかっただろうから、郁子は石井さんの好意にあらた

めて感謝した)」は「**心情**」です。しかし、傍線部c「(なるべく最近の写真を、というのが電話してきた同級生の希望だったのだから、彼のためではないことはやはりあきらかだ)」と傍線部g「(さすがに初対面の男性の腰に腕を巻きつけることはできなくて、遠慮がちにサドルの端を摑《つか》んだ)」は「**心情**」ではありません。

また、⑥は「傍線部j『一度も来訪することはなかったのだった』の『のだった』や、傍線部l『その時代の俊介に会ってみたい、と思ったものだった』の『ものだった』は、回想において改めて思い至ったことを確認する文末表現です。前者には郁子の悔やんでいる気持ちがあらわれており、後者には懐かしむ気持ちがあらわれている。」となっていますが、傍線部jの「一度も来訪することはなかったのだった」には「悔やんでいる気持ち」はありません。

その他の選択肢は、本文と合致するので、正解ではありません。

解答(50点満点)

問1　ア②　イ⑤　ウ⑤　(3点×3)
問2　③　(7点)
問3　①　(8点)
問4　④　(8点)
問5　③　(8点)
問6　③・⑥　(5点×2)

今回の問題では、亡くなった夫の故郷を訪ねたことで、主人公の郁子の「**心情**」に変化が生じました。「**原因**」→「**心情**」のカタチの「**単純な心情**」も問われますが、「**原因**」や「**心情**」が複数ある「**複合原因の心情**」や「**心情の交錯**」は、差がつきやすいため、特によく出題されます。

複雑に見えても「原因」と「心情」のつながりは必ずあります。ていねいに確認していきましょう。

覚醒ポイント

入試では複雑なカタチの「複合原因の心情」や「心情の交錯」が問われやすい。小説文こそ、「原因」→「心情」を本文から客観的にとらえたうえで答えを出すようにする。

第2講

「随筆文」の攻略

随筆文では、評論文の読み方と小説文の読み方を応用する！

「**随筆文**」というのは、筆者の体験談やエピソードをもとに、筆者の言いたいことを伝える文章でしたね。

筆者の体験談やエピソードの部分に「**差異**」や「**類似**」があることがありますが、全体としては**「体験談・エピソード」→「筆者の気持ち・言いたいこと」のつながりに注意して読んでいく意識を持ちましょう。**

「**随筆文**」の「体験談・エピソード」は分量が多く、ストーリー的に書かれている場合もあるため、ついつい「体験談・エピソード」に注目してしまいがちですが、それはあくまでも「筆者の言いたいこと」を伝える目的のために書かれているのです。

「随筆文」の読解で大切なのは、「筆者の言いたいこと」をつかむことです。

「筆者の言いたいこと」をつかむために「エピソード」を読むというのは、「筆者の主張」をつかむために「根拠」を読む論理的文章の読み方と似ていますね。

「主張」をつかむために「根拠」を読むという点で、随筆文の読み方は評論文に似ている。

もう一つ覚えておきたいことがあります。

先ほど、「**随筆文**」の「エピソード」の部分はストーリー的に書かれているとお話ししましたね。まるで小説文のようにさまざまな出来事が書かれているものもあります。ですから、**小説文で学んだ「原因」→「心情」のつながりをつかむ読み方を応用できる**のです。

「原因」→「心情」のつながりをつかむという点で、随筆文の読み方は小説文に似ている。

それでは、問題を解いていきましょう。

【別冊】問題編 ▼78ページ

演習の目安時間 25分

読む

次の文章を読んで、後の問いに答えよ。（本文の表記を改めた箇所がある）

第一意味段落

「筆者の気持ち」と、それを裏づけるエピソードをとらえましょう。

著者の気持ち

自分の仕事と世の中とのつながりについては私は割に気楽な考え方をしている。私は来世とか霊魂の不滅は信じないが、一人の人間のこの世でした精神活動はその人の死と共に直ちに消え失せるものではなく、期間の長短は様々であろうが、あとに伝わり、ある働きをするものだという事を信じている。

エピソード

（簡単な一例として、私

は四十五年前に亡くなった祖父を憶う時、私の心の中に祖父の精神の甦るのを感ずる。こういう意味で、すぐれた人間、例えば、釈迦、孔子、キリスト、というような人たちの生きていた時の精神活動が弟子たちによって一つの形を与えられると、それは殆ど不滅といっていい位に伝わり、働きをする。)

創作の仕事も、少し理想的ないい方になるが、作家のその時の精神活動が作品に刻み込まれて行くという意味で、その人の精神が後に伝わる可能性の多い仕事だと思っている。完成した時、作家はそれを自分の手から離してやる。あとは作品自身で、読者と直接交渉を持ち、色々な働きをしてくれる。それは想いがけない所で、思いがけない人によき働きをする事があり、私はそれをのちに知って、喜びを感じた経験をいくつか持っている。それ故、作家は善意をもって、精一杯の仕事をし、それから先はその作品が持つ力だけの働きをしてくれるものだという事を信じていればいいのである。

自分の仕事と世の中とのつながりについては私は以上のように単純に考え、安心している。

「この時代の人間は大変な時代遅れな人間なのだ」私はこんな事を考えた。今の時代では色々なものが非常な進み方をしている。進み過ぎて手に負えず、どうしていいか分からずにいる。思想の対立がそれであり、科学の進歩がそれである。科学の進歩に対しては何か一つファインプレーがあると吾々は何も分らずに拍手喝采をおくる。(例えば或る長距離の無着陸飛行に成功したという記事を読むと、新記録好きの今の人々は直ぐ拍手喝采をするが、一体、この事が吾々庶民にとってどういう事を意味するかといえば爆撃を受ける時の危険率が増したという事以外の何ものでもないのだ。そういう能率のいい飛行機で愉快な旅をするなどいう事はまずないといっていい。それを喝采して喜ぶというのはおかしな事だ。)

人間が新記録を喜ぶ心理は人間の能力がここまで達したという事を喜ぶ心理で、これがために人間は進歩し

筆者の気持ち
自分の仕事と世の中とのつながりについては気楽な考え方をしている

⬅ **エピソード**
- 祖父
- 釈迦、孔子、キリスト

⬅ **根拠**
作家は善意をもって、精一杯の仕事をすれば、そこから先は作品の力を信じればいい

⬅ **筆者の気持ち**
自分の仕事と世の中のつながりについて、安心している

第二意味段落

第二意味段落では、ここまでの話とは異なる「思想」や「科学」がテーマになります。「思想」や「科学」について、筆者がどのような考えを持っているかをとらえましょう。

筆者の言いたいこと
「この時代の人間は大変な時代遅れな人間なのだ」
⬅

たのであるが、**筆者の言いたいこと** 今となっては、それも「過ぎたるはなお、及ばざるがごとし」で、何事もあれよあれよで手がつけられずにいる有様だ。この事が予見出来ず、これまでに手綱がつけられなかったというのはいかにも智慧のない話である。今の人が時代遅れだというのはそういう意味からである。

エピソード デモクラシイがいいか、マルキシズムがいいか、どっちなのであろう。両方いいものならば、それがかくも対立して、世界を今日のような不安に陥れるはずはないし、どっちかがよく、どっちかが悪いものなら、**筆者の言いたいこと** 思想とし、政治形態とし、今日までに優劣をはっきり決めて置けばよかった。素朴過ぎる考え方かも知れないが、私はそんな風に思う。これは思想家、政治家たちの怠慢だったと思う。そして今のように結局、対立の解決を武力に求めるというのでは、思想も政治もなく、最初から腕力で争う動物の喧嘩と何ら選ぶところはないというわけだ。第二次世界大戦中から、この次は米国の民主主義とロシアの共産主義の対立になり、第三次世界大戦になるだろうと、よく人がいっていたが、それだけ分っていて、どうして今までに何もしなかったのだろうか。思想家、政治家、宗教家、学者たちの怠慢といえるように思う。

筆者の言いたいこと 科学については科学の限界を予め決めて置いて、それを超えない範囲で進歩さしてもらうというわけには行かないものか。大体、こういう考え方は学問、芸術の世界では承認出来難い考えで、愉快な考えではないが、科学の場合だけは限界を無視し、無闇に進歩されては大変な事になると思う。そして、その限界は地球という事になると思う。人間はこの地球から一歩も外に出られないものだからである。

エピソード （私は若い頃、※アナトール・フランスの「エピキュラスの園」の一節で、この地球が熱を失い、最後に残った一人の人間が、何万、何十万年の努力によって築き上げられた人間の文化をその下に封じ込めてしまった氷河の上で、最後の一人が光の鈍った赤い太陽を眺め、何を考えるという事もなしに息をひきとる、これが最後

エピソード
● 長距離の無着陸飛行
⬅
筆者の言いたいこと
科学の進歩を喜んでいるが、手に負えずに科学の進歩についていけていないので、今の人は時代遅れだ

エピソード
● 政治の対立
⬅
筆者の言いたいこと
思想や政治形態の優劣をはっきり決めて置かなかったのは、思想家、政治家たちの怠慢だったと思う

第三意味段落

の人間の絶えた時だというような事があるのを読んで、反抗するような気持で、それは地球の運命であって、必ずしも人類の運命ではないと思った事がある。吾々は人類にそういう時期、即ちこの地球が我々の進歩発達に条件が不適当になる前に、出来るだけの発達を遂げて、地球の運命から自分たちの運命を切り離すべきだと思った。これは大変便利な考え方で、この考えをもってすれば、大概の現象は割りきれた。究極にそういう目的があるのだと思うと、いかなる病的な現象も肯定出来るのである。そういう［Ｉ］の変則な現われだと思う事が出来るから、総てが割りきれた。飛行機の無制限な発達も、原子力も（その頃はこんなものはなかったが）総て讃美する事が出来るわけである。私は三十二、三歳まではそういう空想に捕われ、滅茶苦茶に興奮する事がよくあったが、どうかすると急に深い谷へ逆落としに落とされたほどに不安焦慮を感じる事がよくあった。私はそれに堪え兼ね、東洋の古美術に親しむ事、自然に親しむ事、動植物に接近し親しむ事などで、少しずつそれを調整して行くうち、いつか、前の考えから離れ、段々にその丁度反対の所に到達し、ようやく心の落ちつきを得る事が出来た。以来三十何年、その考えは殆ど変わらずに続いている。

それはさて置き、私は科学の知識は皆無といっていい者だが、自然物を身近く感ずる点では普通人以上であるという自信があり、臆面もなく、こういう事を書くのであるが、今の科学は段々地球からはみ出して来たような感じがして私は不安を感ずるのである。第一に吾々がそれから一歩も出る事の出来ない地球そのものが段々小さくなって行く事が心細い。遠からず、日帰りで地球を一周する事が出来るようになるだろう。これはまことに淋しい事である。人間以外の動物でそんな事をしたいと思ったり、しようとする動物は一つもない。しかも、人間にそういう事が出来るようになって、どういういい事があるのか。考えられるのは悪い事ばかりである。c おのれの分を知るというのは個人の場合だけの事ではない。人間のこの思い上りは必ず自然から罰せられる。既に人間はその罰を受けつつあるのだ。私にはそう思える。人間がいくら偉くなったとしても要す

筆者の言いたいこと
科学については限界を予め決めておいてほしい
⬅
エピソード
●「エピキュラスの園」
…地球の運命に従って、人間が絶滅する
⬅
反抗するような気持で、地球と人類を分けて考える
⬅
不安焦慮
⬅
東洋の古美術や自然に親しむことで落ちついた
⬅
筆者の気持ち
それはさて置き、今の科学は段々地球からはみ出してきたような感じがして不安を感じる

るにこの地球上に生じた動物の一つだということは間違いのない事だ。〔譲歩〕（他の動物を遥かに引き離して、ここまで進歩した事には感心もするが、）〔筆者の言いたいこと〕時に自らを省みて、明らかに自身が動物出身である事をまざまざと感じさせられる場合もあるのだ。

〔エピソード〕（最近、私は庭で親指の腹ほどのガマ蛙を見つけて、硝子の花器に入れて飼って見たが、ガマは逃れたいと思うのか、花器の側面につかまって、のび上るようにしてよく立っている。その恰好がまだ歩けない赤児のつかまり立ちにそっくりなのだ。しかも、赤児がやるように、それで横歩きをする。腰から下に、膝があり、すねがあり、踵があり、足のひらがある。ひろげた手には肘があり、掌があり、指がある、異なるところは首が人間のようにくびれていないだけである。）

動物の世界も強食弱肉で、生存競争はなかなか烈しいが、何かその間に調和みたようなものも感じられ、人間の戦争ほど残忍な感じがしない。つまりそれは Ⅱ 内の事だからかも知れない。人間同士の今日の殺し合いは Ⅱ の外である。

〔譲歩〕（人間は動物出身でありながら、よくぞ、これまで進歩したものだという事は驚嘆に値するが、）〔筆者の言いたいこと〕限界を知らぬという事が人間の盲点となって、自らを亡ぼすようになるのではないか。総ての動物中、とび離れて賢い動物でありながら、結果からいうと、一番馬鹿な動物だったという事になるのではないかという気がする。今の世界は思想的にも科学的にも、上げも下げもならぬ状態になっている。D他の動物にはなく、人間だけがそれを作った、思想とか科学というものが、最早、人間にとって「マンモスの牙」になってしまったように思われるが、どういうものであろうか。

（志賀直哉「閑人妄語」より）

筆者の言いたいこと
人間は動物出身である

↓

エピソード
ガマ蛙を硝子の花器に入れて飼う
…人間に似ているところが多い

↓

筆者の言いたいこと
人間は動物と変わらないが、それがわからないのであれば一番馬鹿な動物ということになる

エピソード部分が長く書かれていますが、筆者の言いたいこととのつながりを見つけながら読めれば、本当に注目すべきは筆者の言いたいことの方であるとわかりますね。

意味段落ごとに、説明されている内容をつかもう

第一意味段落（1〜13行目）

自分の仕事と世の中のつながりについては気楽な考え方をしている

［エピソード］
- 祖父……祖父を憶う時、心の中に祖父の精神が甦るのを感じる
- 釈迦、孔子、キリスト……精神活動が殆ど不滅といっていい位に伝わる

作家は精一杯仕事をしていれば、作品が世の中によい影響を与えてくれるから、自分の仕事と世の中とのつながりについては安心している

第二意味段落（14〜32行目）

この時代の人間は大変な時代遅れな人間なのだ

- 科学の進歩を喜んでいるが、進みすぎて手に負えず、科学の進歩についていけない
- 政治思想や政治形態の優劣をはっきり決めておらず、武力で解決しようとする

⬅ **今の人は時代遅れだ**

第三意味段落（33〜75行目）

科学には限界を設けるべきだ

［エピソード］●「エピキュラスの園」の一節を読んだ体験
……他の動物を遥かに引き離して、ここまで進歩した事には感心もするが、
人間は明らかに動物出身であることをまざまざと感じさせられる

［エピソード］●ガマ蛙を硝子の花器に入れて飼う
……花器の側面につかまってのび上がるようにして立つ姿が、
赤児のつかまり立ちにそっくりである
からだの作りも、人間に似ているところが多い

人間は動物と変わらない
限界を知らないということが盲点となり、自らを亡ぼす

⬅

人間はすべての動物の中でとび離れて賢いが、結果として一番馬鹿な動物だということになる

解く

問1　傍線部理由説明問題

傍線部の理由を説明する問題です。まず傍線部を含む一文を分析しましょう。

本文13行目のここから！

自分の仕事と世の中とのつながりについては私は以上のように単純に考え、安心している。

「自分の仕事と世の中とのつながりについては（**A**）」と「安心している（**X**）」の間に「飛躍」があるので、この「飛躍」を埋める説明を探します。傍線部の中に「以上のように単純に考え」とあるので、これより前の部分で「自分の仕事と世の中とのつながり」について筆者の考えが書かれている部分をとらえましょう。

筆者の気持ち

自分の仕事と世の中とのつながりについては気楽な考え方をしている

⬅

エピソード

・祖父……祖父を憶う時、心の中に祖父の精神が甦るのを感じる

・釈迦、孔子、キリスト……精神活動が殆ど不滅といっていい位に伝わる

⬅

筆者の気持ち

作家は精一杯仕事をしていれば、作品が世の中によい影響を与えてくれるから、自分の仕事と世の中とのつながりについては安心している

正解は、③「作家のその時の精神活動はその作品に刻み込まれ、読者と直接に交渉を持ち、よき働きをしてくれると信じていればいいから。」となります。

他の選択肢を検討してみましょう。

①と②は、「一人の人間のこの世でした精神活動は」という主部が誤りです。「自分の仕事」とは作家の仕事のことを意味しています。

②は、「殆ど不滅といっていい位に伝わり、その精神が甦る」が誤りです。こちらは「釈迦、孔子、キリスト」といった例についてあてはまる説明であり、創作の仕事一般には必ずしもあてはまりません。筆者自身も自らの仕事を「不滅といっていい位に伝わり」とはとらえていません。**一部の具体例にしかあてはまらないことが書かれているものは正解にならないことに注意しましょう。**

④は、「読者には直接その作品が持つ力以上の働きをしてくれる」が誤りです。「その作品が持つ力だけの働き」をしてくれるのです。

問2　傍線部理由説明問題

傍線部の理由を説明する問題です。まず傍線部を含む一文を分析しましょう。

本文14行目のここから！

「この時代の人間は大変な時代遅れな人間なのだ」私はこんな事を考えた。

「この時代の人間は（**A**）」と「時代遅れな人間なのだ（**X**）」の間に「飛躍」があります。「この時代（＝今の時代）の人間」が「時代遅れ」とは、覚醒Check!▶**一見すると「矛盾」しているように見えますが、実は正しいことを述べているという「逆説」のフレームです。**

この「飛躍」を埋めるために「この時代の人間」が「時代遅れ」だと言える理由を本文中で探しましょう。

ちなみに、傍線部のある14行目の直前までは「自分の仕事と世の中とのつながり」について書いていて、この14行目から「この時代の人間」が「時代遅れ」であることが書かれ始めます。ここで話題が変わっていますね。ですから、「この時代の人間」が「時代遅れ」であることの理由は、これより後の部分に書かれているとわかります。24行目に「今の人が時代遅れだというのはそういう意味からである」とあるので、傍線部からここまでの部分に注目して、内容をまとめましょう。

根拠
科学の進歩を喜んでいるが、科学の進歩に手がつけられず、どうしていいかわからなくなっている
⬅
この事が予見出来ず、手綱がつけられなかったのは、智慧がない
⬅
主張

今の人は時代遅れだ

正解は、④の「科学の進歩は際限がなく、新記録に拍手喝采しているうちに、制御できない状況を生じさせている矛盾に気がついていないから。」となります。

他の選択肢を検討してみましょう。

①は、「かえってそのことで喜び合えない状況を作っている」が、③は「新記録に喜びを感じられなくなる」が、それぞれ誤りです。筆者は科学の進歩に不安を抱いていますが、人々は喜んでいます。

②は、「今の時代は思想の対立はあるが、科学の進歩で克服できると考えていて」が誤りです。「思想の対立を科学で克服する」という関係性は読み取れません。

問3　空欄補充問題

空欄に語句を補充する問題です。空欄を含む一文を分析しましょう。

本文44行目のここから！

そういう［Ⅰ］の変則な現われだと思う事が出来るから、総てが割りきれた。

空欄の直前に「そういう」という指示語がありますから、まずは指示内容をとらえましょう。ただし、指示内容を追っていくとまた指示語が出てくるという「二重の指示語」になっています。ていねいに指示内容を押さえましょう。

本文41行目のここから！

吾々は人類にそういう時期、即ちこの地球が我々の進歩発達に条件が不適当になる前に、出来るだけの発達を遂げて、地球の運命から自分たちの運命を切り離すべきだと思った。これは大変便利な考え方で、この考えをもってすれば、大概の現象は割りきれた。究極にそういう目的があるのだと思うと、いかなる病的な現象も肯定出来るのである。そういう［Ｉ］の変則な現われだと思う事が出来るから、総てが割りきれた。

このように確認していくと、「そういう」が指し示しているのは「吾々は人類にそういう時期、即ちこの地球が我々の進歩発達に条件が不適当になる前に、出来るだけの発達を遂げて、地球の運命から自分たちの運命を切り離すべきだ」という考え方だとわかります。この内容をふまえて、正解を選びましょう。

正解は、④「人類の意志」となります。

他の選択肢を検討してみましょう。

①の「地球の発展」も③の「地球の意志」も、地球のことなので誤りです。指示内容は「人類に関する考え」でした。

②の「人類の発展」は、「考え方」ではないため誤りとなります。

問4 傍線部内容説明問題

「抜き出し問題」という形式ですが、実質は傍線部の内容を説明する問題です。傍線部を含む一文を分析しましょう。

本文57行目のここから！

おのれの分を知るというのは個人の場合だけの事ではない。

「おのれ」というのは「人間」のことなので、「人間の分」とは何なのかを考えていきましょう。

本文57行目のここから！

おのれの分を知るというのは個人の場合だけの事ではない。人間のこの思い上りは必ず自然から罰せられる。既に人間はその罰を受けつつあるのだ。私にはそう思える。人間がいくら偉くなったとしても要するにこの地球上に生じた動物の一つだということは間違いのない事だ。他の動物を遥かに引き離して、ここまで進歩した事には感心もするが、時に自らを省みて、明らかに自身が動物出身である事をまざまざと感じさせられる場合もあるのだ。

「ても」や「が」に注目すると、「人間の分」についてわかってきます。「人間の分」を知るというのは、「思い上」ったり「偉くなった」と思ったりすることとは反対の考え方で、「(人間は) この地球上に生じた動物の一つ」で「自身が動物出身である事」を知ることです。これをふまえて、字数に合わせて抜き出しましょう。

正解は、60行目の「自身が動物出身である事」です。

問5 空欄補充問題

空欄に語句を補充する問題です。空欄を含む一文を分析しましょう。

本文68行目のここから！

つまりそれは Ⅱ 内の事だからかも知れない。人間同士の今日の殺し合いは Ⅱ の外である。

「それ」は、直前の「動物の世界」の「生存競争」を指し示しています。これをふまえて考えましょう。

正解は、②の「自然の法則」となります。

他の選択肢を検討してみましょう。

①の「科学の法則」と③の「思想の法則」は、「動物の世界」と関係がありません。

④の「地球の法則」は、「人間同士の今日の殺し合いは」を主部にしてみると、「地球の法則の外」とは言えないため、誤りです。人間の行為も地球の法則に含まれていますね。

問6 傍線部内容説明問題

傍線部の内容を説明する問題です。傍線部を分析してみましょう。

本文73行目のここから！

D 他の動物にはなく、人間だけがそれを作った、思想とか科学というものが、最早、人間にとって「マンモスの牙」になってしまったように思われるが、どういうものであろうか。

「他の動物にはなく、人間だけがそれを作った、思想とか科学というもの」が『マンモスの牙』になってしまった」とありますが、「マンモスの牙」という言葉の意味がわかりませんね。

「思想とか科学」に対して筆者がどのような考えを持っているのかをとらえることで、「マンモスの牙」という言葉の意味を考えましょう。

すると、直前に「今の世界は思想的にも科学的にも、上げも下げもならぬ状態になっている」とあります。「上げも下げもならぬ状態」とは、さらにその前にある「限界を知らぬという事が人間の盲点となって、自らを亡ぼすようになる」という状態のことを指しています。

人間が進化させた思想や科学が原因で、人間が亡びる
≒
マンモスが牙をのばし続けて、牙が自分に刺さる

この点が「**類似**」しているため、「マンモスの牙」にたとえているのです。

正解は、③の「科学の無制限な進歩は地球の破壊をもたらすもので、制限を設けるべきである。思想や政治は他の動物にはないもので、いまや戦争による人類滅亡の不安をもたらしている。」となります。

他の選択肢を検討してみましょう。

①は、「科学の無制限な進歩は地球を段々小さく狭くし、そのため人間はますます忙しくなる」が誤りです。「忙しくなる」は本文で指摘されていませんでした。

②は、「常に進歩、発展を目指すべきである。」が誤りです。筆者は科学の進歩に制限を設けるべきだと考えていました。

④は、「思想には様々なものがあるが、特定の思想で統一すべきである。」が誤りです。また、「マンモスの牙」の意味合いが説明されていません。

解答（50点満点）

問1　③　（8点）
問2　④　（8点）
問3　④　（8点）
問4　自身が動物出身である事　（10点）
問5　②　（8点）
問6　③　（8点）

今回の問題では、「**筆者の言いたいこと**」が比較的はっきりと示されていましたね。自分の仕事と世の中のつながりについての考えを伝えるために、「祖父」や「釈迦、孔子、キリスト」のエピソードが挙げられていました。また、人間は他の動物と変わらないのだという考えを伝えるために、『エピキュラスの園』を読んだときの体験談が挙げられていました。

「根拠」と「主張」のつながりを見つける読み方が有効でしたね。

覚醒ポイント

随筆文では、「体験談・エピソード」がどのように「筆者の気持ち・言いたいこと」につながっているのかをつかむ。

第3講

「複数テクスト」の攻略

文学的文章の「複数テクスト」も、まずは「メインの文章」をていねいに読む！

いよいよ、最終講ですね。今回は文学的文章の「**複数テクスト**」の読み方を学んでいきましょう。

第1部の**第6講**では、論理的文章の「**複数テクスト**」を学習しました。文学的文章でも「**複数テクスト**」の形式による出題があります。具体的には、次のようなパターンを覚えておけばいいでしょう。

①ある作家の小説（メイン）と、その批評（サブ）

②ある作家の小説（メイン）と、同じ作家の小説（サブ）

③ある作家の小説（メイン）と、別の作家の小説（サブ）

たとえば、2021年の共通テストでは、加能作次郎《かのうさくじろう》の小説がメインで、その小説についての批評（書評）

がサブになっていました。先ほどの①のパターンですね。

もちろん、**小説文**ではなく**随筆文**が取りあげられるなど、ここに挙げたパターン以外の出題も考えられます。

注意したいのは、**文学的文章の「複数テクスト」も論理的文章と同じように、まずは「メインの文章」をていねいに読解する**ということです。そのうえで、サブの「資料」については、「メインの文章」との「関連」を意識しながら読んでいきましょう。

また、「メインの文章」とサブの「資料」の「**差異**」や「**類似**」に注目することで解ける問題がよく見られます。

サブの「資料」が「メインの文章」の「**根拠**」や「**具体例**」になっているものも定番の出題と言えるでしょう。

どのように読むべきかについては設問で指定されていることが多いので、見落とさないように気をつけてくださいね。

それでは「ゼロから覚醒」の最終章です。最高に楽しんでいきましょう!

【別冊】問題編 ▼86ページ

演習の目安時間 20分

読む

次の文章は、加能作次郎《かのうさくじろう》「羽織と時計」（一九一八年発表）の一節である。「私」と同じ出版社で働くW君は、妻子と従妹《いとこ》と暮らしていたが生活は苦しかった。そのW君が病で休職している期間、「私」は何度か彼を訪れ、同僚から集めた見舞金を届けたことがある。以下はそれに続く場面である。これを読んで、後の問いに答えよ。なお、設問の都合で本文の下に行数を付してある。

リード文では、時代背景や状況などが説明されることもあるので、チェックしましょう。

春になって、陽気がだんだん暖かになると、W君の病気も次第に快《よ》くなって、五月の末には、再び出勤することが出来るようになった。

『君の家の※紋は何かね？』

彼が久し振りに出勤した最初の日に、W君は突然私に尋ねた。私は不審に思いながら答えた。

『※円《まる》に横モッコです。平凡なありふれた紋です。何ですか？』

『いや、実はね。僕も長い間休んで居て、君に少《すく》からぬ世話になったから、ほんのお礼の印に※羽二重《はぶたえ》を※一《いっ》反《たん》お上げしようと思っているんだが、同じことなら羽織にでもなるように※紋を抜いた方がよいと思ってね。どうだね、其方《そのほう》がよかろうね。』とW君は言った。

W君の郷里は羽二重の産地で、彼の親類に織元《おりもと》があるので、そこから安く、実費で分けて貰《もら》うので、外にも序《ついで》があるから、そこから直接に京都へ染めにやることにしてあるとのことであった。

『染《そめ》は京都でなくちゃ駄目だからね。』とW君は独りで首肯《うなず》いて、『じゃ早速言ってやろう。』

私は辞退するア術《すべ》もなかった。

第一意味段落

「原因」と「心情」のつながりに注意して、内容をつかみましょう。

一ヶ月あまり経《た》って、染め上《あが》って来た。W君は自分でそれを持って私の下宿を訪れて呉《く》れた。私は早速W君と連れだって、呉服屋へ行って裏地を買って羽織に縫って貰った。

貧乏な私は其時《そのとき》まで礼服というものを一枚も持たなかった。羽二重の紋付《もんつき》の羽織というものを、その時始めて着たのであるが、今でもそれが私の持物《もちもの》の中で最も貴重なものの一つとなって居る。

『ほんとにいい羽織ですこと、あなたの様な貧乏人が、こんな羽織をもって居なさるのが不思議な位ですわね。』

妻は、私がその羽織を着る機会のある毎《ごと》にそう言った。私はW君から貰ったのだということを、妙な羽目からつい言いはぐれて了《しま》って、今だに妻に打ち明けてないのであった。妻が私が結婚の折に特に拵《こしら》えたものと信じて居るのだ。下に着る着物でも袴《はかま》でも、その羽織とは全く不調和な粗末なものばかりしか私は持って居ないので、

『よくそれでも羽織だけ飛び離れていいものをお拵えになりましたわね。』と妻は言うのであった。

『そりゃ礼服だからな。これ一枚あれば下にどんなものを着て居ても、兎《と》に角《かく》礼服として何処《どこ》へでも出られるからな。』私は擽《くす》ぐられるような思《おもい》をしながら、そんなことを言って誤魔化《ごまか》して居た。

『これで袴だけ※仙台平《せんだいひら》か何かのがあれば揃《そろ》うのですけれどね。どうにかして袴だけいいのをお拵えなさいよ。これじゃ羽織が泣きますわ。こんなぼとぼとした※セルの袴じゃ、折角《せっかく》のいい羽織がちっとも引き立たないじゃありませんか。』

妻はいかにも惜しそうにそう言い言いした。

私もそうは思わないではないが、今だにその余裕がないのであった。私はこの羽織を着る毎にW君のことを思い出さずに居なかった。

原因①
W君が「私」へのお礼として高価な羽織を作ってくれた
＋
原因②
妻は「私」が結婚の折に拵えたものと信じている
⬅
心情
擽られるような思
⬅
行動
羽織はW君からもらったものであることを妻に言えないでいる

その後、社に改革があって、私が雑誌を一人でやることになり、W君は書籍の出版の方に廻《まわ》ることになった。そして翌年の春、私は他にいい口があったので、その方へ転ずることになった。

W君は私の将来を祝し、送別会をする代《かわ》りだといって、自ら奔走して社の※同人達《たち》から二十円ばかり※醵金《きょきん》をして、私に記念品を贈ることにして呉れた。私は時計を持って居なかったので、自分から望んで懐中時計を買って貰った。

『贈××君。××社同人。』

こう銀側の蓋の裏に小さく刻まれてあった。

この処置について、社の同人の中には、内々不平を抱いたものもあったそうだ。まだ二年足らずしか居ないものに、記念品を贈るなどということは曾《かつ》て例のないことで、これはW君が、自分の病気の際に私が奔走して見舞金を贈ったので、その時の私の厚意に酬《むく》いようとする個人的の感情から企てたことだといってW君を非難するものもあったそうだ。また中には、

『あれはW君が自分が罷《や》める時にも、そんな風なことをして貰いたいからだよ。』と卑しい邪推をして皮肉を言ったものもあったそうだ。

私は後でそんなことを耳にして非常に不快を感じた。そしてW君に対して気の毒でならなかった。そういう非難を受けてまでも（それはW君自身予想しなかったことであろうが）私の為《ため》に奔走して呉れたW君の厚い※情誼を思いやると、私は涙ぐましいほど感謝の念に打たれるのであった。それと同時に、その一種の恩恵に対して、常に或《あ》る重い圧迫を感ぜざるを得なかった。

羽織と時計——。私の身についたものの中で最も高価なものが、二つともW君から贈られたものだ。この意識が、今でも私の心に、感謝の念と共に、何だかやましいような気恥《きはずか》しいような、訳のわからぬ一種の重苦

原因A 社内から非難を受けてまでも「私」の為に奔走してくれた
⬅ 心情A 感謝の念

原因B 羽織と時計という私の身についたものの中で最も高価なものが、二つともW君から贈られたものである
⬅ 心情B やましいような気恥しいような、訳のわからぬ一種の重苦しい感情

しい感情を起《おこ》させるのである。

場面転換

××社を出てから以後、私は一度もW君と会わなかった。W君は、その後一年あまりして、病気が再発して、遂《つい》に社を辞し、いくらかの金を融通して来て、電車通りに小さなパン菓子屋を始めたこと、自分は寝たきりで、店は主に従妹が支配して居て、それでやっと生活して居るということなどを、私は或る日途中で××社の人に遇《あ》った時に聞いた。私は××社を辞した後、或る文学雑誌の編輯《へんしゅう》に携《たずさわ》って、文壇の方と接触する様になり、交友の範囲もおのずから違って行き、仕事も忙しかったので、一度見舞旁々《みまいかたがた》訪わねばならぬと思いながら、自然と遠ざかって了った。その中《うち》私も結婚をしたり、子が出来たりして、境遇も次第に前と異《ことな》って来て、一層ウ足が遠くなった。偶々《たまたま》思い出しても、久しく無沙汰をして居ただけそれだけ、そしてそれに対して一種の自責を感ずれば感ずるほど、妙に改まった気持《きもち》になって、つい億劫《おっくう》になるのであった。

羽織と時計――併《しか》し本当を言えば、この二つが、W君と私とを遠ざけたようなものであった。これがなかったなら、私はもっと素直な自由な気持になって、時々W君を訪れることが出来たであろうと、今になって思われる。何故《なぜ》というに、私はこの二個の物品を持って居るので、常にW君から恩恵的債務を負うて居るように感ぜられたからである。（心情）この債務に対する自意識は、私をして不思議にW君の家の敷居を高く思わせた。而《しか》も不思議なことに、C私はW君よりも、彼の妻君《さいくん》の眼を恐れた。私が時計を帯にはさんで行くとする、『あの時計は、※良人《うち》が世話して進《あ》げたのだ。』斯《こ》う妻君の眼が言う。私が羽織を着て行く、『あああの羽織は、良人が進げたのだ。』斯う妻君の眼が言う。もし二つとも身につけて行かないならば、『あの人は羽織や時計をどうしただろう。』斯う妻君の眼が言うように空想されるのであった。どうしてそんな考《かんが》が起《おこ》るのか分《わか》らない。或《あるい》は私自身の中に、そういう卑しい邪推深い性情がある為であろう。が、いつでもW君を訪れようと思いつく毎に、

第二意味段落

原因 W君の見舞いになかなか行けない
⬅ 心情 自責の念

原因 羽織と時計を持って居る
⬅ 心情 恩恵的債務を負っているように感じられた
⬅ 行動 W君に会いに行けない

妙にその厭《いや》な考が私を引き止めるのであった。そればかりではない、こうして無沙汰を続ければ続けるほど、私はW君の妻君に対して更に恐れを抱くのであった。『〇〇さんて方は随分薄情な方ね、あれきり一度も来なさらない。こうして貴郎《あなた》が病気で寝て居らっしゃるのを知らないんでしょうか、見舞に一度も来て下さらない。』斯う彼女が彼女の良人《おっと》に向《むか》って私を責めて居そうである。その言葉には、あんなに、羽織や時計などを進げたりして、こちらでは尽《つく》すだけのことは尽してあるのに、という意味を、彼女は含めて居るのである。

そんなことを思うと迚《とて》も行く気にはなれなかった。こちらから出て行って、妻君のそういう考をなくする様に努めるよりも、私は逃げよう逃げようとした。私は何か偶然の機会で妻君なり従妹なりと、途中ででも遇わんことを願った。そうしたら、『W君はお変《かわ》りありませんか、相変らず元気で××社へ行っていらっしゃいますか？』としらばくれて尋ねる、すると、疾《と》うに社をやめ、病気で寝て居ると、相手の人は答えるに違いない。『おやおや！　一寸《ちっと》も知りませんでした。それはいけませんね。どうぞよろしく言って下さい。近いうちにお見舞に上りますから。』

こう言って分れよう。そしてそれから二三日置いて、何か手土産を、そうだ、かなり立派なものを持って見舞に行こう、そうするとそれから後は、心易《こころやす》く往来出来るだろう――。

そんなことを思いながら、三年四年と月日が流れるように経って行った。今年の新緑の頃、子供を連れて郊外へ散歩に行った時に、D私は少し遠廻りして、W君の家の前を通り、原っぱで子供に食べさせるのだからと妻に命じて、態《わざ》と其《そ》の店に餡《あん》パンを買わせたが、実はその折陰ながら家の様子を窺《うかが》い、うまく行けば、全く偶然の様に、妻君なり従妹なりに遇おうという微《かす》かな期待をもって居た為《た》めであった。私は電車の線路を挟んで向側《むかいがわ》の人道に立って店の様子をそれとなく注視して居たが、出て来た人は、妻君でも従妹でもなく、全く見

原因① W君のお見舞いに行っていない
＋
原因② W君の妻君に薄情さを責められるような気がした
⬅
心情 W君の妻君に対する恐れ
⬅
行動 W君のところに行く気になれなかった

原因① W君のことを気にかけている
＋
原因② ずっとW君のお見舞いに行けていない
⬅

知らぬ、※下女《げじょ》の様な女だった。私は若《も》しや家が間違っては居ないか、または代《だい》が変ってでも居るのではないかと、屋根看板をよく注意して見たが、以前××社の人から聞いたと同じく、××堂W——とあった。たしかにW君の店に相違なかった。それ以来、私はまだ一度も其店の前を通ったこともなかった。

心情 偶然の様にW君の妻君か従妹に遇いたい
⬅
行動 妻に命じてW君の店で餡パンを買わせた

第一意味段落（1〜51行目）

羽織と時計

↓

私の身についたものの中で最も高価なものが、二つともW君から贈られたものだ

心情A 感謝の念

＋

心情B **やましいような気恥しいような、訳のわからぬ一種の重苦しい感情**

第二意味段落（52〜90行目）

W君は私が会社を辞めたおよそ一年後、病気が再発して会社を辞めた

W君はパン菓子屋を始めたが、W君は寝たきりで、従妹が店を営み、やっと生活している

＋

私は忙しくなって、W君の見舞いにはなかなか行けない

←

自責の念

W君からもらった羽織と時計を持って居る

↓

心情B　**常にW君から恩恵的債務を負っているように感ぜられた**

↓

W君に会えない

↓

W君の妻君は私のことを薄情な人だと思っているかもしれない

↓

W君の妻君に対して恐れを抱く

↓

W君のところへ行く気になれなかった

↓

偶然のようにW君の妻君か従妹に遇いたかった

↓

妻に命じて、わざとW君のパン屋で餡パンを買わせた

↓

W君の妻君も従妹もいなかった

解く

問1　語句の意味の問題

第2部の**第1講**でも確認しましたが、センター試験と同様に、**共通テストの「語句の意味の問題」では、まず「辞書的な意味」を解答できるかどうかを考えましょう。それでも解けない場合は、文脈から意味を確定させます。**

アは、②「手立てもなかった」が正解です。これは、辞書的な意味で解答できます。

イは、②「言う機会を逃して」が正解です。迷った場合には、文脈で意味を確定させます。傍線部の直前に「妙な羽目からつい」とあり、傍線部の直後に「今だに妻に打ち明けてない」とあるので、言おうとして言えないでいるということがわかります。

ウは、①「訪れることがなくなった」が正解です。直前に「一度見舞旁々訪わねばならぬと思いながら、自然と遠ざかって了った」とあるので、W君を訪ねてはいないことがわかります。

問2　心情把握問題

傍線部の心情を把握する問題です。傍線部を含む一文を分析しましょう。

本文24行目のここから！

『そりゃ礼服だからな。これ一枚あれば下にどんなものを着て居ても、兎《と》に角《かく》礼服として何処《どこ》へでも出られるからな。』私は擽《くす》ぐられるような思《おもい》をしながら、そんなことを言って誤魔化《ごまか》して居た。

「擽ぐられるような思」が「**心情**」で、『そりゃ礼服だからな……』という発言につながっています。そのような「**心情**」になった「**原因**」を本文中で探しましょう。

原因① W君が休んでいたあいだ世話をしたお礼として、W君から羽織をもらった

＋

原因② 妻はもらったものとは知らず、私が結婚の折に特に拵《こしら》えたものと信じて『よくそれでも羽織だけ飛び離れていいものをお拵えになりましたわね。』と羽織をほめた

↓

心情 擽ぐられるような思

↓

行動 『そりゃ礼服だからな……』と言って誤魔化した

以上の「**因果関係**」が分析できれば、正解することができます。

正解は、③の「妻に羽織をほめられたうれしさと、本当のことを告げていない後ろめたさとが入り混じった、落ち着かない気持ち。」となります。今回とらえた「**原因**」をふまえている選択肢はこれです。

他の選択肢を検討してみましょう。

①は、「妻に対する、笑い出したいような気持ち」が誤りです。妻が面白いのではなく、自分が後ろめたいのです。

②は、「上等な羽織を持っていることを自慢に思いつつ」が誤りです。自分で買ったものではないのに褒められているのですから、「自慢」ではありません。

④は、「羽織だけほめることを物足りなく思う気持ち」が誤りです。「羽織はもらいものである」という「**原因**」がふまえられていません。

⑤は、「自分を侮っている妻への不満」が誤りです。妻は羽織を褒めていました。

問3　傍線部心情把握問題

傍線部の心情を説明する問題です。傍線部を含む一文を分析しましょう。

本文49行目のここから！

この意識が、今でも私の心に、感謝の念と共に、B何だかやましいような気恥《きはずか》しいような、訳のわからぬ一種の重苦しい感情を起《おこ》させるのである。

「**プラスの心情**」と「**マイナスの心情**」が同時に存在する「**心情の交錯**」ですが、傍線部は「**マイナスの心情**」に引かれていることに注意しましょう。また、「**原因**」は「この意識」ですから、「この」が指し示している内容を確認しましょう。

原因A	非難を受けてまでもW君は高価なものを私に贈ってくれた
⬅ 心情A	感謝の念
＋ 原因B	私の身についたものの中で最も高価なものが、二つともW君から贈られたものだ
⬅ 心情B	やましいような気恥しいような、訳のわからぬ一種の重苦しい感情

以上をふまえて正解を選びましょう。

正解は、①「W君が手を尽くして贈ってくれた品物は、いずれも自分には到底釣り合わないほど立派なものに思え、自分を厚遇しようとするW君の熱意を過剰なものに感じてとまどっている。」となります。

他の選択肢を検討してみましょう。

②の「W君がその贈り物をするために評判を落とした」と、③の「W君へ向けられた批判」は、本文ではともに「感謝」の「**原因**」になっていましたが、この選択肢では「申し訳ない」の「**原因**」になっているため、誤りです。

④は、「W君の厚意にも自分へ向けられた哀れみを感じ取っている」が誤りです。W君は「哀れんで」贈っ

てくれたのではなく「私」に「感謝」して贈ってくれたのです。

⑤は、「頼んだわけでもないのに」が誤りです。自分で時計を望んだのです。また、「見返りを期待する底意」も誤りです。「私」はそのような見方に対して不快感を抱いています。

問4 傍線部心情把握問題

傍線部の心情を把握する問題です。傍線部を含む一文を分析してみましょう。

本文63行目のここから！

而《しか》も不思議なことに、C私はW君よりも、彼の妻君《さいくん》の眼を恐れた。

「彼の妻君の眼を恐れた」というのが「**心情**」になっています。この文は「而も」という言葉で前の内容に新たな内容がつけ加えられていますので、「**原因**」は傍線部より後ろから探しましょう。

原因
- あの羽織と時計は夫があげたのだ
- 一度も見舞いに来てくださらない
- ○○さんて方は薄情な方ね

⬅

心情
W君の妻君の眼を恐れた

行動 ⬅ W君のところに行く気になれなかった

以上の内容をふまえて解答しましょう。

正解は、①「『私』に厚意をもって接してくれたW君が退社後に寝たきりで生活苦に陥っていることを考えると、見舞に駆けつけなくてはいけないと思う一方で、「私」の転職後はW君と久しく疎遠になってしまい、その間看病を続けた妻君に自分の冷たさを責められるのではないかと悩んでいるから。」となります。

他の選択肢を検討してみましょう。

②は、「転職後にさほど家計も潤わずW君を経済的に助けられないことを考える」が誤りです。このような**「原因」**はありませんでした。

③は、「妻君に偽善的な態度を指摘されるのではないか」が誤りです。

④は、「妻君の前では卑屈にへりくだらねばならないことを疎ましくも感じている」が誤りです。

⑤は、「苦労する妻君には顔を合わせられない」が誤りです。

問5 傍線部心情把握問題

傍線部の心情を把握する問題です。傍線部を含む一文を分析してみましょう。

本文83行目のここから！

今年の新緑の頃、子供を連れて郊外へ散歩に行った時に、D私は少し遠廻りして、W君の家の前を通り、原っぱで子供に食べさせるのだからと妻に命じて、態《わざ》と其《そ》の店に餡《あん》パンを買わせたが、実はその折陰ながら家の様子を窺《うかが》い、うまく行けば、全く偶然の様に、妻君なり従妹なりに遇おうという微《かす》かな期待をもって居た為《た》めであった。

結果＝行動

一文を分析すると、傍線部は「**行動**」で、その直後に「**心情**」が書かれているとわかります。ですから、本文では「**原因**」を探しましょう。

原因 自分からW君の家に行く気になれない

⬅

心情 偶然の様にW君の妻君か従妹と出会いたい

⬅

行動 わざとW君の店で餡パンを買わせた

以上をふまえて、正解を選びましょう。

正解は、⑤「偶然を装わなければW君と会えないとまで思っていたが、これまで事情を誤魔化してきたために、今更妻に本当のことを打ち明けることもできず、回りくどいやり方で様子を窺う機会を作ろうとしている。」となります。「偶然のように装って会いたい」という「**心情**」が書かれている選択肢はこれしかありません。

他の選択肢を検討してみましょう。

①は、「かつてのような質素な生活を演出しよう」が誤りです。

②は、「逆にその悩みを悟られまいとして妻にまで虚勢を張る」が誤りです。

③は、「せめて店で買い物をすることによって、かつての厚意に少しでも応えることができれば」が誤りです。

④は、「W君の家族との間柄がこじれてしまったことが気がかりでならず、どうにかしてその誤解を解こうとして稚拙な振る舞いに及ぶ」が誤りです。

正解以外の選択肢は、いずれも「自分からは会いに行けないから、偶然を装って会いたい」という「**心情**」が説明できていません。

問6 複数テクスト問題

(i) 傍線部内容説明問題

「関連資料」の傍線部の内容を説明する問題です。二重傍線部を分析してみましょう。

> 羽織と時計とに※執し過ぎたことは、この作品をユーモラスなものにする助けとはなったが、作品の効果を増す力にはなって居ない。

この「関連資料」は「批評」なので、二重傍線部の文も加能作次郎が「羽織と時計」に執着し過ぎたことを批判しています。この批判の「根拠」となる部分を「関連資料」の中で探しましょう。

直前に「若し此作品から小話臭味を取去ったら、即ち羽織と時計とに作者が関心し過ぎなかったら、そして飽くまでも『私』の見たW君の生活、W君の病気、それに伴う陰鬱な、悲惨な境遇を如実に描いたなら、一層感銘の深い作品になったろうと思われる」とありました。評者は、W君の病気、それに伴う陰鬱な、悲惨な境遇を如実に描くことを求めています。

この意見をふまえて、正解を選びましょう。

正解は、④「挿話の巧みなまとまりにこだわったため、W君の生活や境遇の描き方が断片的なものになっている。」となります。ただ、この内容は「関連資料」に直接書かれているというよりは、「関連資料」から「**推論**」した帰結です。どのような「**推論**」なのか確認してみましょう。

W君の病気、それに伴う陰鬱な、悲惨な境遇を如実に描いたなら、一層感銘の深い作品になった
（**A**ならば**B**）

＋

羽織と時計とに執し過ぎたことは……作品の効果を増す力にはなって居ない。（**B**でない）

⬅

W君の病気、それに伴う陰鬱な、悲惨な境遇を如実に描いていない（**A**でない）

＝**W君の生活や境遇の描き方が断片的なものになっている**

「関連資料」には「**Aならば B**」「**Bでない**」と書かれています。そこから「**Aでない**」と帰結するのは正しい「**推論**」です。覚醒Check!▶**「Aならば B」が正しいときには「Bでないならば Aでない」も必ず正しくなります。**

他の選択肢を検討してみましょう。

①は、「W君の描き方に予期せぬぶれが生じている。」が誤りです。「W君がちゃんと描かれていない」と評者は述べています。

②は、「実際の出来事を忠実に再現しようと意識しすぎた」が誤りです。評者は「如実に描いていない」ことを批判していました。

③は、「ために」が誤りです。「関連資料」にない「**因果関係**」がつけられています。また、「美化」も誤りです。「関連資料」に書かれていません。

(ii) 内容真偽問題

「関連資料」をもとにして選択肢が正しいか正しくないかを判断する問題です。今回は「評者とは異なる見解」を正解とする点に注意してください。解答の根拠は「関連資料」内の「羽織と時計」について書かれた次の文です。

それが『羽織と時計』になると、作者が本当の泣き笑いの悲痛な人生を描こうとしたものか、それとも単に羽織と時計に伴う思い出を中心にして、ある一つの興味ある覘いを、否一つのおちを物語ってでもやろうとしたのか分《わか》らない程謂《い》う所の小話臭味の多過ぎた嫌いがある。

先ほどの（i）でも確認しましたが、評者は、W君の悲惨な境遇を如実に描いていないことを批判していました。これとは「異なる見解」になっているものを選ぶ問題なので、「羽織と時計」の描写に肯定的な内容になっているものを選びましょう。

正解は、④「『羽織と時計――』という表現の繰り返しによって、W君の厚意が皮肉にも自分をかえって遠ざけることになった経緯について、「私」が切ない心中を吐露していることを重視すべきだ。」となります。

他の選択肢を検討してみましょう。

①は、「W君を信頼できなくなっていく『私』の動揺」が誤りです。

②は、「複雑な人間関係に耐えられず生活の破綻を招いてしまった」が誤りです。

③は、「『私』に必死で応えようとするW君の思いの純粋さ」が誤りです。W君は「私」に必死に応えようとはしていませんでした。

解答（50点満点）

問1　ア②　イ②　ウ①　（3点×3）

問2　③　（6点）
問3　①　（7点）
問4　①　（8点）
問5　⑤　（8点）
問6　（i）④　（ii）④　（6点×2）

問6（i）は、「羽織と時計」に対する批評についての問題でした。（ii）は、その批評とは異なる見解を答える問題でした。いずれも、**まずは「メインの文章」である「羽織と時計」という作品の内容を正しく読み取ったうえで、その作品を異なる角度から検討していく力が求められていましたね。**

覚醒ポイント

「複数テクスト」問題は、「メインの文章」を正しく読み取る力と、文章を異なる角度から検討する力が求められる。一つの意見にこだわらずに、さまざまな見方や考え方を取り入れるようにする。

おわりに

読むことは考えること

長かった旅も最終章を迎えました。

『ゼロから覚醒』シリーズは、『ゼロから覚醒　はじめよう現代文』からスタートしました。この本は、現代文が苦手な受験生であっても挫折せずにやり遂げることで、「一冊の参考書を読み切ることができた」という成功体験を味わってほしいという願いを込めて執筆しました。

そこから、本書で三冊目です。一冊目から読み続けてくれた方は、初歩の初歩である「ゼロ」レベルからスタートして、この本で入試レベルにまで到達したことになります。みなさんの大きく輝かしい成長のお手伝いが少しでもできたのであれば、著者としてこれにまさる喜びはありません。

さて、僕が塾・予備校で教えはじめてから、十五年以上が経ちました。初めて教壇に立ったその日から、今でも変わらず持ち続けている信念があります。

「自身の成長を最高に楽しむこと」

『ゼロから覚醒 はじめよう現代文』の「はじめに」でも書きましたが、僕はもともと国語が大の苦手でした。それができるようになった瞬間の感動は忘れがたく、今でも僕を突き動かしています。

「できなかったことができるようになる」というのは、人生の中でも最も楽しい瞬間です。

みなさんも思い出してみてください。幼いころに、はじめて鉄棒の逆上がりや縄跳びの二重跳びができたときのことを。おそらく飛び跳ねてみんなに言いふらしたくなるような高揚感を味わったと思います。人間の身体は成長を楽しむようにできているのです。

受験勉強をしていると、うまくいかずにつらい気持ちになったり、落ち込んだりする瞬間も多々あります（むしろ大半がそんな瞬間かもしれません）。しかし、「できなかったことができるようになる」瞬間も、つらい思いをしたぶん確実に用意されています。僕は苦手な現代文ができるようになったときの生徒のたちの顔を今でも鮮明に覚えています。

自分の成長を最高に楽しむことは次の成長の原動力になります。ぜひ、受験の日まで成長を止めることなく走り抜けてください。うしろを振り返れば、できるようになったことの数々があなたを支えてくれています。

僕は、この『ゼロから覚醒』シリーズを通して、「成長の喜び」とともに「文章を正確に読む方法」をみなさんに伝えてきました。大学に合格したら、ぜひたくさんの本を読んでください。そこには先人たちの思考の跡があります。文章を正確に読む方法を身につけたみなさんならば、必ずその跡を辿ることができます。それが「考える」ということにつながります。大学受験のその先でも、新しい考え方に触れて「自身の成長を最高に楽しむこと」を忘れないでくださいね。そのために必要なことは、すでにみなさんの手の中にあります。

最後に、みなさんの大学合格と健康を心よりお祈りしております。

柳生好之

出典

福嶋亮大　「神の成長」（『百年の批評　近代をいかに相続するか』所収）青土社
久保明教　「呪術と科学」（『文化人類学の思考法』所収）世界思想社
國分功一郎　『中動態の世界　意志と責任の考古学』医学書院
信原幸弘　『情動の哲学入門　価値・道徳・生きる意味』勁草書房
小林傳司　「科学コミュニケーション」（『科学論の現在』所収）勁草書房
香川雅信　『江戸の妖怪革命』角川学芸出版
井上荒野　「キュウリいろいろ」（『キャベツ炒めに捧ぐ』所収）角川春樹事務所
志賀直哉　「閑人妄語」（『志賀直哉随筆集』所収）岩波書店
加能作次郎　「羽織と時計」（『世の中へ・乳の匂い　加能作次郎作品集』所収）講談社

本文デザイン・DTP	高橋明香（おかっぱ製作所）
本文イラスト	さとうさなえ
編集協力	岸智志（スタジオライティングハイ）
編集協力	佐藤陽子
校正	ぷれす
校正	鷗来堂
カバーデザイン	西垂水敦・松山千尋（krran）
撮影	榊智朗

【著者紹介】

柳生 好之（やぎゅう・よしゆき）

◉――リクルート「スタディサプリ」現代文講師。難関大受験専門塾「現論会」代表。

◉――早稲田大学第一文学部総合人文学科日本文学専修卒業。

◉――東進ハイスクールなど大手予備校勤務やＺ会東大京大コース問題制作を経て、リクルート「スタディサプリ」に参加。東大・京大・早大・難関国公立大・難関私立大・大学入学共通テストなどの受験対策講座を多数担当している。

◉――「文法」「論理」という客観的ルールに従った読解法を提唱し、誰でも最短で現代文・小論文ができるようになる授業を行う。その極めて再現性の高い読解法により、東大など最難関大学を志望する受験生から現代文が苦手な受験生まで、幅広く支持されている。

◉――自身が代表を務める難関大受験専門塾「現論会」では、「最小の努力で、最大の結果を。」を教育理念に掲げ、オンライン映像授業や参考書などの効果的な活用方法を指導。志望校合格に向かって伴走するコーチング塾として、全国の受講生から高い評価を獲得している。

◉――主な著書に、『大学入試問題集 柳生好之の現代文ポラリス１基礎レベル・２標準レベル』『大学入試 柳生好之の現代文プラチナルール』（ともにKADOKAWA）などがある。本書は、『ゼロから覚醒 はじめよう現代文』『ゼロから覚醒Next フレームで読み解く現代文』（ともにかんき出版）に続く、現代文『ゼロから覚醒』シリーズの集大成である。

現論会 https://genronkai.com/

ゼロから覚醒《かくせい》Final 読解力完成現代文《どっかいりょくかんせいげんだいぶん》

2021年７月14日 第１刷発行
2021年９月13日 第２刷発行

著 者――柳生 好之
発行者――齊藤 龍男
発行所――株式会社かんき出版
東京都千代田区麹町4-1-4 西脇ビル 〒102-0083
電話 営業部：03(3262)8011㈹ 編集部：03(3262)8012㈹
FAX 03(3234)4421 振替 00100-2-62304
https://kanki-pub.co.jp/

印刷所――大日本印刷株式会社

 ISBN978-4-7612-3043-2 C7081

現代文 読解力完成 ゼロから覚醒 Final

【別冊】問題編

この「別冊 問題編」は、本体から取り外して使用することができます。

【別冊】問題編の使い方

この【別冊】問題編には、読解力を「完成」に導く最良の9問を掲載しています。入試問題に取り組み、解説を読んで確認することで、読み方と解き方がはっきりとわかるようになります。ぜひ全9問をやり遂げて、自身の成長を実感してください。

問題を解く前

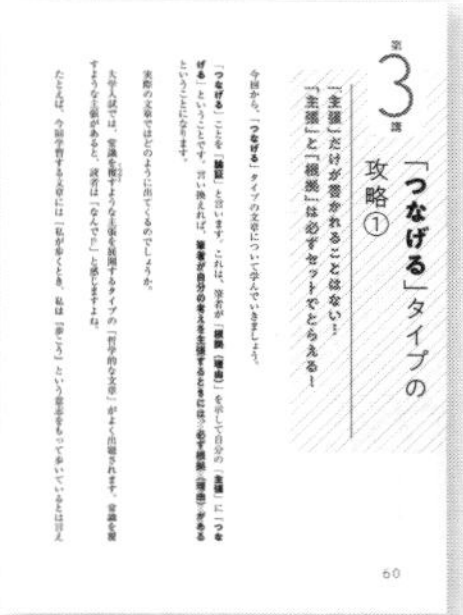

本編では、入試問題を解く際に気をつけるべきことを解説しています。問題を解く前に各講の冒頭の説明を読んでみましょう。

問題を解く

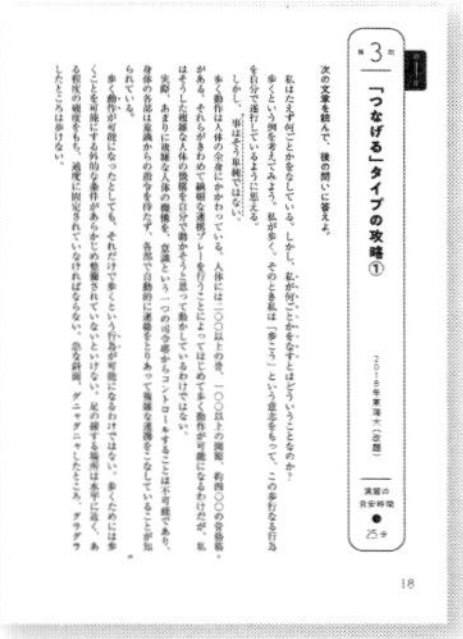

目安時間を意識しながら演習しましょう。

問題を解いた後

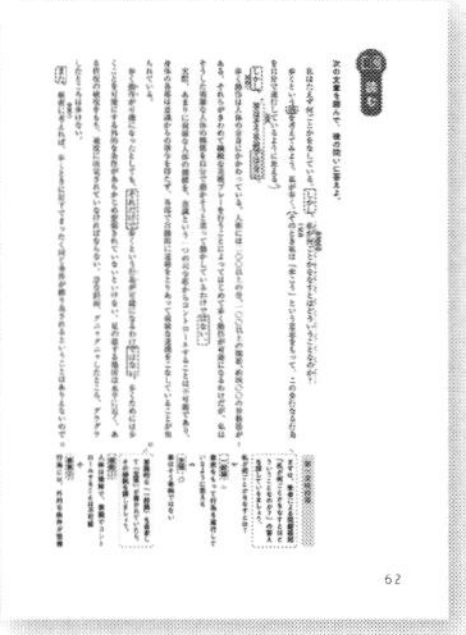

本編の解説を読んで「読」と「解」のルールを身につけましょう。

CONTENTS

『ゼロから覚醒Final 読解力完成現代文』別冊問題編　もくじ

PART1

第1部 論理的文章の「読」と「解」

PART2

第2部 文学的文章の「読」と「解」

第1問 「分ける」タイプの攻略①

2015年中央大

演習の目安時間 25分

次の文章を読んで、後の問いに答えよ。

① 高畑勲監督のアニメーション映画『かぐや姫の物語』を考察するにあたって、まずは一つの簡単なテーゼを掲げよう。それは「日本の神はしばしば人間の傍らで成長する」というテーゼである。

② 例えば、折口信夫は『竹取物語』のかぐや姫、『丹後国風土記』の姫神、そして『源氏物語』の紫上を例に出しながら「神聖なる女性を養うて、成長して 1 の完成するのを待つといふのも、日本における神を養ふ物語の型の、一つなる物語であつた」と述べる。日本の物語においては、神聖な存在はしばしば未完成のものとして現われ、人間によって養育された。未熟な個体のなかに含まれた 1 を熟成させるプロセスが、『竹取物語』をはじめとする日本の物語文学を特徴づけた。言うまでもなく、これは西洋的な全知全能の神のイメージとは異質である。これから神になろうとする存在、すなわち奇蹟《きせき》の種を含んだ存在を気長に守り育て、やがて本当の神に変えていくという型の説話が日本で愛好されたのは、いかにも興味深い。

③ この問題を別の角度から言えば、日本の神はよそよそしく 2 なものではなく、人間の世界と随分近しいところにいるということである。例えば、柳田國男の名論文「神を助けた話」は狩人が神を助けたという伝承を紹介しているし、中国の著名な文筆家である※周作人も、中国の神がどこか官僚的であるのに対して、日本の神が人間たちと親しげに交流し、共食することに驚いていた。神を自らの近辺にお迎えして、ときには援助し、ときには時間をかけて育てるということに、日本人は大いなる喜びを見出し、物語の種とし

て受け継いできたと言ってよいだろう。

④ してみると、日本の物語において「神の容《い》れ物」が重要な役割を果たすのも、決しておかしなことではない。例えば、折口は神がうつぼ舟、たまご、ひさごなどに乗って他界からやってくるという物語的趣向に着目している。神的な「たま」（霊魂）は必ずしも単独で人間のもとにやってくるのではなく、しばしば自らを保護する媒体＝容器とともに現れる（桃太郎や一寸法師はその最たる例である）。そればかりか、折口の紹介する、神の宿った「石」の成長譚《せいちょうたん》からも了解されるように、ときには神の容器それ自体も神とともに成長するのだ。神の成長＝時熟、及びその成長を保護する媒体＝容器に対する鋭敏さ――、それは当然のことながら、「もと光る竹」という容器に籠もるかぐや姫を主人公とする『竹取物語』にも見出すことができる。

⑤ 興味深いことに、こうした神の日本的特性は今日のアニメーションにおいても継承されている。例えば、高畑の盟友である宮崎駿監督の『崖の上のポニョ』は、文字通り「※小サ子」としての神の成長を描いた作品である。ポニョは未完成の幼体のまま、小さな瓶＝容器に入って主人公の少年のもとに流れ着く。やがて気泡を食い破って外界に飛び出したポニョは、漫画的な洪水とともに、再び少年のもとを訪れ、人間の姿に成長する。そして、この二人は一面の原始の水に覆われた世界を、巨大化したおもちゃの「舟」に乗って漂流する……。水界と関わる「小サ子」であるポニョは、伸縮自在の「容器」に包まれた状態で「成長」を果たす。とはいえ、それは決して程よい成長ではなく、グロテスクさすら感じさせる異形の成長だと言わねばならない。宮崎はめちゃくちゃな力業と空想（妄想？）によって、日本的な「神を養う物語」を現代の奇々怪々なアニメーションとして再生することに成功した。

⑥ だが、私たちはただちにこう問うこともできるだろう。もし神を成長させる環境自体が根こそぎ破壊されてしまったとしたら、いったい神はどうなるのだろうか、と。なるほど、確かに幼い神としてのポニョは破

壊的＝漫画的な水にくるまれて異形の成長を果たすことができたが、それは結局のところ、神を成長させる容器が今やひどく不安定になっていることの裏返しではないのか？　そのような世界で、神は今後も円満に成長することができるのだろうか？――私の考えでは、『かぐや姫の物語』はまさにこれらの問いの周囲を巡っている。

⑦ むろん、原作の『竹取物語』からして[3]強力な批評性を含んでいたことも見過ごされるべきではない。例えば、『竹取物語』を「贖罪《しょくざい》の文学」と呼んだ民俗学者の高崎正秀は、かぐや姫が「権威に屈しない王朝文芸中のたった一人の女性である」ことを強調していた。貴族や帝《みかど》らを全員袖にしてしまう『竹取物語』は、見方次第ではきわめて不遜あるいは不敬な物語である。そこでは、地上の権威ではなく、天上の高貴がすべてに優越するのだ。後に紫式部が『源氏物語』の絵合巻で「かぐや姫の、この世の濁りにもけがれず、はるかに思ひのぼれる契りたかく」と評したことは、かぐや姫の高潔な意志を物語っている。

⑧ そして、この誇り高い神は、[4]言語世界の新たな創出にも結びつけられた。五人の求婚者の滑稽なエピソードからは「はぢをすつ」「たまさかる」「あへなし」「あなたへがた」「甲斐《かい》あり」という新語が生み出され、かぐや姫の残した不死の薬を燃やした山は「富士の山」と命名される。神＝かぐや姫が天上で犯した自らの罪を地上で償うとき、世界はリニューアルされ、言葉や地名が新たに湧き出してくる。かぐや姫の成長と贖罪は、そのまま地上という「容器」をも豊かにしたのである。

⑨ それに対して、高畑版の『かぐや姫の物語』では容器＝地上の成長が見られない。そして、かぐや姫自身も故郷の野山を離れたせいで、最善の「成長」の機会を逃す。そのために、この作品には強烈な※リグレットの念がみなぎっている。竹取の翁《おきな》はかぐや姫の気持ちを分かってやれなかったことを悔やみ、かぐや姫はこの世にはもういたくないと願ったせいで月への帰還を余儀なくされ、やはり大いに後悔する。本当ならばもっと幸せな成長があったはずなのにという身を裂く悔しさ、それに続く諦めが、『かぐや姫の物語』の主

旋律となっている。高畑は「神の成長」という日本的モチーフを踏まえつつ、[5]その困難さを描いていた。

（福嶋亮大「神の成長」による）

《注》
※周作人＝中国の作家・日本文学研究者（一八八五〜一九六七）。
※小サ子＝神話・説話に登場する体のごく小さい子供。成人して大事業を成し遂げ、変身して幸福を得る話が多い。
※リグレット＝後悔。

問1　[1]・[2]に入れるのにもっとも適当なものをそれぞれ次の中から選びなさい。

A　個体　B　神聖　C　神格　D　馬耳東風　E　人格　F　居丈高

問2　傍線3「強力な批評性」とあるが、その説明としてもっとも適当なものを次の中から選びなさい。

A　男性権力者中心の地上の価値観に対して、成長する女性という視点を示したこと。
B　かつて天上で犯した自らの罪を、地上的権威への反抗によって償うことができたこと。
C　地上の貴族や帝の権威さえ、天上界の価値観をもつ姫から見れば問題にならないこと。
D　地上の権威者たちの熱烈な求愛を敬遠し、天上界の存在としての誇りを守ったこと。
E　姫が成長し昇天することができたのは、容器としての環境が必要不可欠であること。

問3　傍線4「言語世界の新たな創出」とあるが、その説明としてもっとも適当なものを次の中から選びなさい。

A　五人の求婚者の滑稽な失敗譚や姫の帝への拒絶から生まれた数々の言葉や地名は、地上の権力者たちも無力であることを認識させた、ということ。

B　五人の求婚者の滑稽な失敗譚や姫の帝との別れから生まれた逸話は、天上と地上をつなぐ言葉や地名を生み出して物語世界を豊かにした、ということ。

C　五人の求婚者の滑稽な失敗譚や帝との劇的な別れは、世の中に有益な教訓譚や新たな土地伝説を生みだし、人々の生活に役立った、ということ。

D　姫が五人の求婚者や帝を残して天上に旅立つまでの種々の逸話から生みだされた言葉や地名は、世界を新しくする力になった、ということ。

E　姫が次々と求婚者たちを拒絶した出来事は新たな地名を生み出し、人々は土地の記憶によって彼女の天上的な高潔さを忘れなかった、ということ。

問4　傍線5「その困難さ」とあるが、なぜ「神の成長」は「困難」なのか。その理由としてもっとも適当なものを次の中から選びなさい。

A　『竹取物語』と異なり、『かぐや姫の物語』では新語を作り出すには至らなかったため、世界をリニューアルすることができなかったから。

B　「成長する神」の主題を表現するには、聖なる天上と俗なる地上の劇的な対立が不可欠だが、現代ではそのような構想力が失われているから。

C　紫式部は『源氏物語』の絵合巻でかぐや姫を高潔な存在と見なしたが、高畑勲監督の作品では姫を後悔する人間的な少女として描いてしまったから。

D　伸縮自在の容器に包まれて成長する少女を描いた宮崎駿監督と異なり、『かぐや姫の物語』では故郷を捨てた少女の物語として描いてしまったから。

E　「神の成長」には容器の成長が欠かせないが、現代ではその容器としての環境自体が失われつつあるので、成長譚を描くのは無理であるから。

問5　次の文ア～オについて、本文の趣旨と合致しているものに対してはA、合致していないものに対してはBと答えなさい。

ア　未熟な神が人間の世界で親しく交流して成長することは、日本の物語文学の一つの特徴と考えられる。

イ　『竹取物語』と『かぐや姫の物語』は、地上の人間世界と天上の聖なる世界との価値観の対立を描きだしている。

ウ　全知全能の神のイメージが強い西洋とは異なり、日本では人間の傍らで「成長する神」を見守るという説話が愛好された。

エ　宮崎駿監督の『崖の上のポニョ』と高畑勲監督の『かぐや姫の物語』は、「成長する神」を描く手法において共通している。

オ　桃太郎や一寸法師の物語は「小サ子」が単独で登場するのではなく、自らを保護する媒体と共に現れるという趣向をもっている。

第2問 「分ける」タイプの攻略②

2020年龍谷大(改題)

演習の目安時間 25分

次の文章を読んで、後の問いに答えよ。

① 現代社会において「科学的」であることは、知識や技術が信頼に足るものであることのもっとも重要な条件とされている。このため、「○○は非科学的だ」ということばは、その知識や技術の妥当性を否定するものとして用いられる。これに対して、人類学ではむしろ「なぜ人びとは非科学的とされる営みをなしているのか?」が問われてきた。とりわけ多くの人類学者が注目してきたのが「呪術」と呼ばれる営みである。呪術と言われてもピンとこないだろう。たとえば、世界中のさまざまな慣習を人類の進化という観点から統一的に理解しようとする進化主義人類学を推進した※ジェームズ・フレイザーは、『金枝篇』(原著初版一八九〇年)において、1呪術的な慣習を次のように列挙している。

例1 北米先住民のオジブウェイの人びとが誰かに危害を加えようとする際には、狙う人物を表す小さな木像を作り、頭部または心臓部に針を打ち込んだり矢を射込んだりする。こうすると、狙いをつけた人物はまったく同時に、針の刺された箇所や矢の当たったところに相当する肉体の部分に、たちまち激痛を起こすと信じられている。

例2 南スラブ人の乙女は、自分の好きな若者のつけた足跡の土を掘り取って、それを花鉢の中に入れる。その鉢に決してしぼむことがないという金盞花《キンセンカ》を植える。すると草花が成長して金色の花を開き、その花が決してしぼまないのと同じように恋人の愛もまた成長して花を開き、愛は決してしぼむことがない。

② いずれの例も、科学が解明するような客観的な事実ではなく、人びとが好き勝手に「信じている」世界のあり方を示しているように思えるだろう。ただし、さまざまな現象に原因と結果の連なりを見つけだそうとするという点では、間違ってはいるが科学的な思考の萌芽《ほうが》のように見えるかもしれない。一九世紀の進化主義人類学者もまた、そのように考えた。『原始文化』（原著初版一八七一年）において※エドワード・B・タイラーは、呪術を、対象間の偶然の結びつきを心的な観念の連合にもとづいて因果関係と取り違える営為としてとらえている。タイラーの議論を踏まえながら、フレイザーは『金枝篇』において、呪術は誤った理解にもとづいて自然に働きかける「発育不全の技術」であると論じた。呪術は、たんに誤った科学であるだけではない。人類進化の歴史において近代科学の前段階を占める原始的な科学技術とされたわけだ。

③ さらにフレイザーは、観念連合のあり方から呪術を二つの類型に分類した。第一に、類似の原理による連合（AとBは似ている⇒Aに働きかけるとBにも／からも作用が伝わる）にもとづく「類感呪術」であり、第二に接触の原理による連合（AとBは結びついている⇒Aに働きかけるとBにも／からも作用が伝わる）にもとづく「感染呪術」である。例1は類感呪術に、例2は感染呪術に対応している。[2]例2の後半に類似の原理が含まれている（中略）ように、多くの具体例において両者は混ざりあっている。

④ だが、こうした非科学的に見える営みは、私たちの日常生活にも簡単に見いだすことができる。『金枝篇』の語り口を真似《まね》て、二つの例を挙げてみよう。

例3　現代の日本では「コラーゲンを摂《と》るとお肌がプルプルになる」と信じられている。コラーゲンを含む食材としておもに言及されるのは、手羽先、フカヒレ、豚足など、表皮の食感がプルプルしている食材であり、コラーゲン入りの美容製品にもしばしばゼラチンなどを用いてプルプルした食感が加えられている。

例4　日本では、思春期を迎えた少女は、自分の衣服が父親の下着と同じ洗濯機に入れられることを拒否する。下着に付着した父親の汚れが、洗濯をつうじて自分の衣服に付着すると信じられているからである。

⑤　例3は類似にもとづく類感呪術、例4は接触にもとづく感染呪術だ。ふだんから合理的で科学的な思考が大事だとわかっているはずの私たちもまた、観念の連合を因果関係と取り違える呪術的思考にとらわれている、困ったものだ。そう思うかもしれない。だが、こうした例を考えると、進化主義人類学のように呪術を劣った科学としてみなすことは適切なのかという疑問も生まれる。「お父さんのパンツと一緒に洗濯しないで！」と叫ぶ少女に、母親が具体的な実験データを示しながら「洗濯機による洗浄において汚れが伝播《でんぱ》することを示す科学的根拠はありません」と反論しても、「そういうことじゃない！」と返されるだけだろう。

⑥　呪術には[3]科学技術とは異なる効用があるのかもしれない。そのような発想を練り上げていったのが、二〇世紀前半の機能主義人類学者たちだった。

⑦　※マリノフスキーは、『西太平洋の遠洋航海者』（原著初版一九二二年）において、呪術の機能主義的な分析を提示している。彼が調査したトロブリアンド諸島に暮らす人びとは、カヌーの制作や耕作においては経験にもとづいた合理的な知識と技法を用いるが、それらの実践にはしばしば呪術がともなう。マリノフスキーは、危険の少ない珊瑚礁《さんごしょう》で行われる漁には呪術が用いられないのに対して危険で不確実な外海での漁では呪術的儀礼が発達している、といった観察にもとづき、技術によって自然を支配できなくなる時点で心理的な安心や希望を得るために呪術が用いられると論じた。呪術は、［X］な機能をもつことによって［Y］な実践と共存している。彼の議論は、客観と主観を対置する発想に慣れた私たちにとっても理解しやすい。コラーゲンを摂るという行為もまた、歳を重ね次第に変化していく肌の状態にともなう心理的な困惑や不安に対して安心や希望を得るという機能をもつ呪術として説明できるだろう。

⑧ 個人単位の心理的機能を重視したマリノフスキーの[4]機能主義呪術論に対して、※アルフレッド・R・ラドクリフ＝ブラウンらが推進した[5]構造機能主義においては、より広範な社会的文脈において呪術がとらえられていく。構造機能主義は、個々の現象や制度をそれらが社会全体において果たす機能においてとらえる※デュルケームの社会学的発想を人類学に導入した。そのうえで、社会を支える諸機能（生業、技術、経済、親族、政治、宗教など）を詳細に記述したうえで、それらがいかに関係しあいながら社会全体の統合に寄与しているかを分析する方法論を確立した。そこでしばしばとりあげられたのは、例1のような、超自然的な力によって他者に危害を加える呪術的行為としての「妖術」である。

⑨ 妖術は、銃殺などの実用的な殺人行為にともなうものではなく、合理的な手段で制御しきれない実践に心理的効果を付加するというマリノフスキー流の説明は適用しにくい。これに対して構造機能主義では、社会の統合に寄与する機能という観点から妖術がとらえられる。たとえば、近隣の人びとや近親間での関係の悪化が妖術の結果としてとらえられることで社会的緊張が可視化され、貧者に資産を分け与えない貪欲な富者や規範から逸脱した人間が妖術師として告発されることで社会規範が維持される。こうして、妖術をつうじて人びとの社会的な関係がつなぎなおされていく。「お父さんのパンツと一緒に洗濯しないで！」という叫びもまた、洗濯によって汚れが伝播するという非科学的な因果関係を信じて発せられているのではなく、家族というミクロな社会関係において父と娘のあいだに生じた緊張を明るみにだし、より距離のとれた関係につくりかえる機能をもつと説明できる。

（久保明教「呪術と科学」による）

《注》

※ジェームズ・フレイザー＝イギリスの社会人類学者。一八五四～一九四一。

※エドワード・B・タイラー＝イギリスの人類学者。「文化人類学の父」と呼ばれる。一八三二～一九一七。

※マリノフスキー＝ブロニスワフ・カスペル・マリノフスキー。ポーランド出身のイギリスの人類学者。一八八四～一九四二。

※アルフレッド・R・ラドクリフ＝ブラウン＝イギリスの社会人類学者、文化人類学者。一八八一～一九五五。

※デュルケーム＝エミール・デュルケーム。フランスの社会学者。一八五八～一九一七。

問1　傍線部1「呪術的な慣習」とありますが、本文中に記された人類学の観点からの説明として、明らかにふさわしくないものを一つ選びなさい。

① 原因と結果の間につながりを見出《みいだ》そうとする、いわば科学的な思考の萌芽。

② 偶然の結びつきを観念の連合にもとづいて必然的な関係と取り違えた営為。

③ 知識や技術の妥当性を否定するものとして用いられる前近代科学的な営み。

④ 科学的根拠はないものの、近代科学の前段階に位置づけられる発育不全の技術。

問2　傍線部2「例2の後半に類似の原理が含まれている」とありますが、それを説明したものとして、最も適当なものを一つ選びなさい。

① 南スラブ人の乙女は、自分の好きな若者のつけた足跡の土を、その人本人と同じように慈しむことで、恋人との愛を育めると信じている。

② 南スラブ人の乙女は、自分の好きな若者のつけた足跡の土で育てた金盞花が成長するのと同じように、

恋人の愛も成長すると信じている。

③ 南スラブ人の乙女は、自分の好きな若者のつけた足跡の土で育てた草花がしぼむと、同じように相手にも不幸が起こると信じている。

④ 南スラブ人の乙女は、自分の好きな若者のつけた足跡の土で金盞花を育てると、好きな相手と同じような好ましい花が咲くと信じている。

問3 傍線部3「科学技術とは異なる効用」とありますが、それを説明したものとして、最も適当なものを一つ選びなさい。

① 技術では支配できない事象について、個人が抱く心理的な困惑や不安に対して安心や希望を与えるという機能。

② 社会を支える経済、親族、宗教といった諸要素がいかに関係しあいながら社会全体を統合しているかを分析する機能。

③ 社会的に弱い立場の者が、超自然的な方法に訴えることで、自身が抱えている孤独や不安を軽減させる機能。

④ 直接的に相手に危害を加えれば自らも制裁を受ける可能性が高いが、非科学的な手段を用いることでそのリスクを軽減する機能。

問4　X と Y を補うのに最も適当な組み合わせを一つ選びなさい。

① X　心理的　　Y　実用的
② X　合理的　　Y　心理的
③ X　観念的　　Y　合理的
④ X　実用的　　Y　観念的

問5　傍線部4「機能主義呪術論」と傍線部5「構造機能主義」とありますが、それぞれを説明したものとして、最も適当なものを一つ選びなさい。

① 前者は、妖術を銃殺など実用的な殺人行為にともなうものとする考え方であり、後者は近隣の人びとや近親間での関係の悪化を可視化する機能という観点から妖術をとらえている。
② 前者は、呪術は社会全体の統合に寄与するという考え方であり、後者は個人が陥りやすい心理的な困難に対して安心を付与する機能という観点から妖術をとらえている。
③ 前者は、個人の心理的機能を重視し、呪術は合理的な手段で制御しきれない実践に心理的効果を付与するという考え方であり、後者は社会の統合に寄与する機能という観点から妖術をとらえている。
④ 前者は、呪術を個人と社会をつなぎなおすための営為とする考え方であり、後者は社会的緊張を可視化し、社会の規範を維持する機能という観点から妖術をとらえている。

問6　この文章の内容と明らかに合致しないものを一つ選びなさい。

① トロブリアンド諸島に暮らす人びとにとって、耕作やカヌーの制作、珊瑚礁で行われる漁は危険の少ない行為であり、経験にもとづいて合理的な知識と技法が伝承されている。一方で、外海での漁は危険で不

確実な実践であり、その不安や困惑を取りのぞく手段として呪術的儀礼が発展したと考えることができる。

② 南スラブ人の乙女は、自分の好きな若者が足跡を付けた土を花鉢に入れ、その鉢に金盞花を植え、花の成長を通して恋人の愛を育むが、これは接触の原理による観念連合にもとづいた呪術であり、同時に類似の原理による観念連合にもとづいた呪術であるといえる。

③ 北米先住民のオジブウェイの人びとは、誰かに危害を加えようとする際に、標的の人物の代わりに小さな木像を作り、それを傷つけることで、対象の人物にも痛みを与えられると信じている。こういった行為に成功し、妖術師として認められた者が、富の再分配や社会規範の維持を担うと考えることができる。

④ 思春期を迎えた日本の少女が、自分の衣服が父親の下着と同じ洗濯機に入れられることを拒否する行為は、構造機能主義の見方に立つなら、家族というミクロな社会関係において、父と娘のあいだに生じた緊張を表しており、より適切な関係につくりかえるための呪術的行為と考えることができる。

問7 この文章に登場する人物が唱えた呪術に関する考察を説明したものとして、最も適当なものを一つ選びなさい。

① エドワード・B・タイラーは、人類の進化という観点から呪術を近代科学の前段階に位置付けた。
② デュルケームは、社会全体において果たす機能に着目して、呪術を分析する方法論を確立した。
③ アルフレッド・R・ラドクリフ＝ブラウンは、呪術を「類感呪術」と「感染呪術」に分けて考えた。
④ マリノフスキーは、制御が困難な自然環境下で実践を行う際に、人々が呪術を用いると説いた。

第1部

第3問

「つなげる」タイプの攻略①

2018年東海大（改題）

演習の目安時間 25分

次の文章を読んで、後の問いに答えよ。

私はたえず何ごとかをなしている。しかし、私が何ごとかをなすとはどういうことなのか？　歩くという例を考えてみよう。私が歩く。そのとき私は「歩こう」という意志をもって、この歩行なる行為を自分で遂行しているように思える。

しかし、ア事はそう単純ではない。

歩く動作は人体の全身にかかわっている。人体には二〇〇以上の骨、一〇〇以上の関節、約四〇〇の骨格筋がある。それらがきわめて繊細な連携プレーを行うことによってはじめて歩く動作が可能になるわけだが、私はそうした複雑な人体の機構を自分で動かそうと思って動かしているわけではない。

実際、あまりに複雑な人体の機構を、意識という一つの司令塔からコントロールすることは不可能であり、身体の各部は意識からの指令を待たず、各部で自動的に連絡をとりあって複雑な連携をこなしていることが知られている。

歩く動作が可能になったとしても、それだけで歩くという行為が可能になるわけではない。歩くためには歩くことを可能にする外的な条件があらかじめ整備されていないといけない。足の接する場所は水平に近く、ある程度の硬度をもち、適度に固定されていなければならない。急な斜面、グニャグニャしたところ、グラグラしたところは歩けない。

また、厳密に考えれば、歩くときに足下でまったく同じ条件が繰り返されるということはありえないのであって、踏み出された一歩一歩が踏みしめる場所は一つ一つ違う。したがって、歩行する身体は、毎度毎度異なる外的条件にも対応しなければならない。

さて、こうして歩く動作と歩く行為が可能になったとして、では、それが私の思った通りに遂行されているのかというと、イこれもまた疑わしい。

歩くといってもさまざまな歩き方がある。私が自分で特定の歩き方を意識して選んだのかというと必ずしもそうではない。私は生まれてこの方、特定の歩き方を習得してきたのであり、ある意味では、その仕方で歩くことを強いられている。

たとえば、明治初期に近代的な軍隊がつくられた際、それまで農民だった兵士たちは西洋式の行進がうまくできなかったことがよく知られている。彼らにとって西洋式の歩き方は自然ではなかった。そもそも彼らは自分たちがどのように歩いているのかなど、意識したこともなかっただろう。

私は行為していても、自分で自分の身体をどう動かしているのか、明瞭に意識しているわけではない。したがって、どう動かすのかを、明瞭な意識をもって選んでいるわけでもない。

たとえば子どもは、駆けることはできてもジョギングができないことがある。「歩く」と「駆ける」の間にあるジョギングの動作は、ずいぶんと後になって習得されるものだ。しかしひとたびジョギングができるようになると、われわれはそれが習得されたものであることを忘れてしまう。歩くという行為についても同じことが言えよう。

さらに、ウ「歩こう」という意志が行為の最初にあるかどうかも疑わしい。

現代の脳神経科学が解き明かしたところによれば、脳内で行為を行うための運動プログラムがつくられた後で、その行為を行おうとする意志が意識のなかに現れてくるのだという。

脳内では、意志という主観的な経験に先立ち、無意識のうちに運動プログラムが進行している。しかもそれだけではない。意志の現れが感じられた後、脳内ではこの運動プログラムに従うとしたら身体や世界はどう動くのかが「内部モデル」に基づいてシミュレートされるのだが、その結果としてわれわれは、実際にはまだ身体は動いていないにもかかわらず、意志に沿って自分の身体が動いたかのような感覚を得る。

※熊谷晋一郎の表現を借りれば、「私たちは、目を覚ましているときにも内部モデルという夢の世界に住んでいる」。われわれは脳内でのシミュレーションに過ぎないものに、自分と世界のリアリティを感じながら行為しているということだ。

私が何ごとかをなすとき、私は意志をもって自分でその行為を遂行しているように感じる。また人が何ごとかをなすのを見ると、私はその人が意志をもって自分でその行為を遂行しているように感じる。しかし、「自分で」がいったい何を指しているのかを決定するのは容易ではないし、そこで想定されているような「意志」を行為の源泉と考えるのも難しい。

われわれはしばしば行為を「意志の実現」と見なす。しかし、以上の短い検討だけでも、そのような見方が少しも妥当でないことが分かる。これだけ多くの条件によって規定されているのだとすれば、行為はむしろ、それら諸条件のもとでの諸関係の実現と見なされるべきだろう。

このことは心のなかで起こることを例にするとより分かりやすくなるかもしれない。たとえば、「想いに耽《ふけ》る」といった事態はどうだろうか？

私が想いに耽るのだとすれば、想いに耽るのはたしかに私だ。だが、想いに耽るというプロセスがスタートするその最初に私の意志があるとは思えない。私は「想いに耽るぞ」と思ってそうするわけではない。何らかの条件が満たされることで、そのプロセスがスタートするのである。

また、想いに耽るとき、私は心のなかでさまざまな想念が自動的に展開したり、過去の場面が回想として現れ出たりするのを感じるが、そのプロセスは私の思い通りにはならない。意志は想いに耽るプロセスを操作していない。

心のなかで起こることが直接に他者と関係する場合を考えてみると、エ事態はもっと分かりやすくなる。謝罪を求められた場合を考えてみよう。

私が何らかの過ちを犯し、相手を傷つけたり、周りに損害を及ぼしたりしたために、他者が謝罪を求める。その場合、私が「自分の過ちを反省して、相手に謝るぞ」と意志しただけではダメである。心のなかに「私が悪かった……」という気持ちが現れてこなければ、他者の要求に応えることはできない。そしてそうした気持ちが現れるためには、心のなかで諸々の想念をめぐる実にさまざまな条件が満たされねばならないだろう。

逆の立場に立って考えてみればよい。相手に謝罪を求めたとき、その相手がどれだけ「私が悪かった」「すみません」「謝ります」「反省しています」と述べても、それだけで相手を許すことはできない。謝罪する気持ちが相手の心のなかに現れていなければ、それを謝罪として受け入れることはできない。そうした気持ちの現れを感じたとき、私は自分のなかに「許そう」という気持ちの現れを感じる。

もちろん、相手の心を覗《のぞ》くことはできない。だから、相手が偽ったり、それに騙《だま》されたりといったことも当然考えられる。だが、オそれは問題ではない。重要なのは、謝罪が求められたとき、実際に求められているのは何かということである。

たしかに私は「謝ります」と言う。しかし、実際には、私が謝るのではない。私のなかに、私の心のなかに、謝る気持ちが現れることこそが本質的なのである。

こうして考えてみると、「私が何ごとかをなす I do something」という文は意外にも複雑なものに思えてくる。というのも、「私が何ごとかをなす」という仕方で指し示される事態や行為であっても、細かく検討してみると、私がそれを自分で意志をもって遂行しているとは言いきれないからである。

謝るというのは、私の心のなかに謝罪の気持ちが現れ出ることであろうし、想いに耽るというのも、そのようなプロセスが私の頭のなかで進行していることであろう。歩くことさえ、「（さまざまな必要条件が満たされつつ）私のもとで歩行が実現されている」と表現されるべき行為であった。にもかかわらず、われわれはそうした事態や行為を、「私が何ごとかをなす」という仕方で表現する。というか、そう表現せざるをえない。

「私が何ごとかをなす」という文は、「能動 active」と形容される形式のもとにある。たったいまわれわれが確認したのは、能動の形式で表現される事態や行為が、実際には、能動性のカテゴリーに収まりきらないということである。

「私が歩く」という文が指し示しているのは、私が歩くというよりも、むしろ、私において歩行が実現されていると表現されるべき事態であった。つまり、能動の形式で表現される事態や行為であろうとも、それを能動の概念によって説明できるとは限らない。「私が謝罪する」ことが要求されたとしても、そこで実際に要求されているのは、私が謝罪することではない。私のなかに謝罪の気持ちが現れ出ることなのだ。

能動とは呼べない状態のことを、われわれは「受動 passive」と呼ぶ。

受動とは、文字通り、受け身になって何かを蒙《こうむ》ることである。能動が「する」を指すとすれば、受動は「される」を指す。たとえば「何ごとかが私によってなされる something is done by me」とき、その「何ごとか」は私から作用を受ける。ならば、能動の形式では説明できない事態や行為は、それとちょうど対をなす受動の形式によって説明すればよいということになるだろうか？

たしかに、謝罪することはもちろん、歩くことですら能動とは言いきれなかった。だが、それらを受動で表現することはとてもできそうにない。「私が歩く」を「私が歩かされている」と言い換えられるとは思えないし、謝罪が求められている場面で「私は謝罪させられている」と口にしたらどういうことになるかはわざわざ言うまでもない（謝罪しているときにそう思っている人は多いだろうが）。

能動と受動の区別は、すべての行為を「する」か「される」かに配分することを求める。しかし、こう考えてみると、キこの区別は非常に不便で不正確なものだ。能動の形式が表現する事態や行為は能動性のカテゴリーにうまく一致しないし、だからといってそれらを受動の形式で表現できるわけでもない。
だが、それにもかかわらず、われわれはこの区別を使っている。そしてそれを使わざるをえない。

（國分功一郎『中動態の世界』より）

《注》
※熊谷晋一郎＝日本の医師。一九七七年～。脳性まひの当事者としての言論活動で知られる。

問１　傍線部ア「事はそう単純ではない」とあるが、その理由として適切でないものはどれか。次の中から一つ選びなさい。

Ａ　歩くときに「歩こう」という意志が意識のなかに現れることはないから。
Ｂ　歩く動作は身体の各部が自動的に連携することによってはじめて可能になっているから。
Ｃ　意識が歩く動作を統制することは不可能であるから。
Ｄ　歩く行為にとって歩く動作が可能であることは必要条件ではあっても十分条件ではないから。
Ｅ　歩くことを可能にする外的条件を一定のものとして考えることはできないから。

問２　傍線部イ「これもまた疑わしい」のはなぜか。次の中から最適のものを選びなさい。

Ａ　歩き方は、習得するものである以上、もともとは私が意識して選んだものであるが、習得したことが忘れられることで強いられたものとして感じられるようになるから。
Ｂ　歩くといってもさまざまな歩き方があるが、私はそのさまざまな歩き方を生まれてこの方、習得してきたのであり、特定の歩き方でいつも歩いているわけではないから。
Ｃ　歩き方は、生まれたときには身についていたものであり、歩いているときにその動作を明瞭に意識しているわけではないから。
Ｄ　明治初期に近代的な軍隊がつくられた際に西洋式の歩き方が導入されたことによって自然な歩き方は忘れられてしまい、歩き方は習得され強制されなくてはならないものとなったから。
Ｅ　私は習得した特定の歩き方で歩かざるをえないし、歩いている最中にその動作を意識的に選択しているわけでもないから。

問3　傍線部ウ「『歩こう』という意志が行為の最初にあるかどうかも疑わしい」のはなぜか。次の中から最適のものを選びなさい。

A　意志に沿って自分の身体が動いたかのような感覚を得るのに先立って意志の現れを感じることはないことが、明らかにされているから。

B　行為を行うための運動プログラムの作成が、その行為を行おうとする意志の現れに先行することが明らかにされているから。

C　行為を行うための運動プログラムの進行によって、意志という主観的経験に先立って身体が動くことが明らかにされているから。

D　行為は「内部モデル」に基づいた脳内でのシミュレーションに過ぎないことが、明らかにされているから。

E　行為を行おうとする意志は、運動プログラムの作成と進行に関わる意志とは別であることが明らかにされているから。

問4　傍線部エ「事態はもっと分かりやすくなる」ことの説明として最適のものを次の中から選びなさい。

A　他者にとってしばしば重要なことは、私が私の心のなかの何ごとかを心のそとに表現することである。しかし、その表現は私の思い通りになるものではない。そのため、心のなかで起こることが直接に他者と関係する場合に注目すると、その思い通りにならないプロセスに焦点が合わせられる。ここに、行為を意志の実現とする見方が妥当ではないことが、わかりやすく示されるのである。

B　他者にとってしばしば重要なことは、何ごとかを私の心のなかに起こそうと私が意志することである。しかし、その意志は私の思い通りになるものではない。そのため、心のなかで起こることが直接に他者と関係する場合に注目すると、その思い通りにならないプロセスに焦点が合わせられる。ここに、行為を意志の実現とする見方が妥当ではないことが、わかりやすく示されるのである。

C　他者にとってしばしば重要なことは、何ごとかが私の心のなかに現れることである。しかし、その現れは私の思い通りになるものではない。そのため、心のなかで起こることが直接に他者と関係する場合に注目すると、その思い通りにならないプロセスに焦点が合わせられる。ここに、行為を意志の実現とする見方が妥当ではないことが、わかりやすく示されるのである。

D　他者にとってしばしば重要なことは、私が私の心のなかの何ごとかを心のそとに表現することである。そして、その表現が適切なものとして他者に認められるかどうかは、私の思い通りになるものではない。そのため、心のなかで起こることが直接に他者と関係する場合に注目すると、その思い通りにならないプロセスに焦点が合わせられる。ここに、行為を意志の実現とする見方が妥当ではないことが、わかりやすく示されるのである。

E　他者にとってしばしば重要なことは、何ごとかが私の心のなかに現れることである。そして、その現れが真正なものとして他者に認められるかどうかは、私の思い通りになるものではない。そのため、心のなかで起こることが直接に他者と関係する場合に注目すると、その思い通りにならないプロセスに焦点が合わせられる。ここに、行為を意志の実現とする見方が妥当ではないことが、わかりやすく示されるのである。

問5 傍線部オ「それは問題ではない」のはなぜか。次の中から最適のものを選びなさい。

A 相手が偽ったり、それに騙されたりといったことは当然考えられるにしても、一般的なケースであるとは考えられないから。

B 相手が偽ったり、それに騙されたりといったことは当然考えられるにしても、多くの場合、すぐに騙されていることに気づくから。

C 相手が偽ったり、それに騙されたりといったことは当然考えられるにしても、相手の心を覗くことはできず本当に相手が偽ったかどうか決定できない以上、考慮に入れないほうがよいから。

D 相手が偽ったり、それに騙されたりといったことは当然考えられるにしても、それらのことは謝罪が謝罪であるための条件を変えるものではないから。

E 相手が偽ったり、それに騙されたりといったことは当然考えられるにしても、日常的に生じることであり、倫理的に重大な問題ではないから。

問6　傍線部カ「というか、そう表現せざるをえない」のはなぜか。次の中から最適のものを選びなさい。

A　能動の形式と受動の形式であらゆる事態や行為を表現せざるをえないとすると、受動の形式で表現できそうもない事態や行為を、必ずしも適切ではないとしても能動の形式で表現するしかないから。

B　受動の形式で表現することのできる事態や行為であってもそれらに受動の形式を用いると他者との関係を悪化させることが少なくないから、必ずしも正確ではないとしても能動の形式を用いざるをえないから。

C　「私のもとで何ごとかが実現されている」という文は「されている」という表現を含む点で受動の形式のもとにあるから、受動の形式で表現することができそうもない事態や行為に用いることができないから。

D　「私のもとで何ごとかが実現されている」という文は細かく検討してみると不正確であるから、「私が何ごとかをなす」という文を、それが意外に複雑であるとしても、用いざるをえないから。

E　「私が何ごとかをなす」という文は、「何ごとかが私によってなされる」という文よりも複雑ではなく誤解される余地が少ないから、直接に他者と関係する場合に用いざるをえないから。

問7　傍線部キ「この区別は非常に不便で不正確」であるのはなぜか。次の中から最適のものを選びなさい。

A　この区別は、能動とは言いきれないが受動ではない行為に適用された場合、行為者の自己理解とは合致しない表現を生み出すから。

B　この区別は、客観的には能動的だが主観的には受動的な行為に適用された場合、その行為を十分には説明しない表現を生み出すから。

C　この区別は、主観的には能動的だが客観的には受動的な行為に適用された場合、その行為を十分には説明しない表現を生み出すから。
D　この区別は、「私は何ごとかをなす」という文でも「何ごとかが私によってなされる」という文でも表現されうる行為に適用された場合、その行為を十分には説明しない表現を生み出すから。
E　この区別は、能動とは言いきれないが受動ではない行為に適用された場合、その行為を十分には説明しない表現を生み出すから。

第4問 「つなげる」タイプの攻略②

2019年青山学院大（改題）

演習の目安時間 25分

次の文章を読んで、後の問いに答えよ。

私たちに立ち現れる世界は、色や音、匂いなどに満ちあふれている。真夏の公園の木陰で涼んでいると、サルスベリの赤い花が見え、池を泳ぐ水鳥の鳴き声が聞こえ、バーベキューの肉の匂いが漂ってくる。しかし、私たちに立ち現れるのはこのような事物の事実的性質だけではない。それらに加えて、さまざまな1価値的な性質も立ち現れる。サルスベリの花は赤く立ち現れるだけではなく、青い空に映えて美しく立ち現れる。水鳥はびっくりさせるものとして、バーベキューの肉は美味しそうなものとして立ち現れる。私たちに立ち現れる世界は事実的性質で満ちあふれているだけではなく、価値的性質でも満ちあふれている。

事物の価値的性質がこのように私たちに立ち現れるとき、私たちはどのようにしてその価値的性質を捉えているのだろうか。色や音などの事実的性質については、私たちはそれらに特有の感覚器官をもっている。色は眼や網膜などから成る視覚器官によって捉えられ、音は聴覚器官によって、匂いは嗅覚器官によって捉えられる。このようにそれぞれの感覚器官によって事実的性質が捉えられることにより、事実的性質は私たちに立ち現れる。しかし、価値的性質については、それに特有の感覚器官が存在しない。サルスベリの花が美しく感じられるとき、その色や形は視覚器官によって捉えられるが、美しさはそうではない。美しく感じるということは、たんに色や形が見えるということではなく、それ以上の何かが感じられるということであるが、その何かは視覚器官で捉えられるものではない。びっくりさせるという性質や美味しそうだという性質についても同様である。

価値的性質が感覚器官によって捉えられるのでないとすれば、価値的性質が立ち現れるとき、私たちはその性質をどのようにして捉えているのだろうか。価値的性質は、それに特有の感覚器官がないとしても、「感じる」[2]という仕方で捉えられていることは間違いない。サルスベリの花は美しいと感じられ、水鳥はびっくりさせるものとして、バーベキューの肉は美味しそうに感じられる。私たちは価値的性質を感覚器官によらずに「感じる」という仕方で捉えているのである。

しかし、感覚器官によるのでなければ、私たちはいったいどのようにして価値的性質を「感じる」という仕方で捉えているのであろうか。私たちには「感じる」という仕方で事物の性質を捉える二種類の能力[3]があるように思われる。感覚器官に基づく知覚の能力と、感覚器官によらない情動の能力である。知覚が事物の事実的性質を「感じる」という仕方で捉えるのにたいし、情動は事物の価値的性質を「感じる」という仕方で捉えるように思われる。歯を剥き出しにして迫ってくるイヌに恐怖を覚えることは、そのイヌを怖いと感じることにほかならない。つまりそれは、怖いという価値的性質（＝危険だという性質）を感じ取ることなのである。また、オリンピックでの日本選手の活躍に喜びを覚えることは、その活躍を喜ばしいと感じることにほかならない。つまりそれは、喜ばしいという価値的性質（＝大事なものが実現したという性質）を感じ取ることなのである。情動はこのように事物の価値的性質を「感じる」という仕方で捉える。しかし、バーベキューの肉を美味しそうに感じる場合はどうだろうか。美味しそうに感じることは、何らかの情動を抱くことであろうか。美味しそうに感じるとき、そこには魅惑される感じや渇望感のようなものが生じていよう。しかし、このような魅惑感や渇望感は、喜怒哀楽のような典型的な情動と比べれば、それほど自然に情動だとは言いがたい。

魅惑感や渇望感などを情動に含めるためには、情動の範囲をかなり広く理解することが必要である。しかし、快感や苦痛、嫌悪感などを情動に含める場合のように、情動を広く理解することもしばしば行われる。ここでは、[4]情動の範囲を広げて、事物の価値的性質を「感じる」という仕方で捉える心の状態をすべて「情動」とよぶことにしたい。このように広く理解すれば、価値的性質はすべて情動によって「感じる」という仕方で捉えられることになる。

事物の価値的性質が私たちに立ち現れるとき、その性質はつねに情動によって感じ取られている。しかし、そうだとしても、情動はどのようにして事物の価値的性質を感じ取るのだろうか。情動は知覚と違って、それ特有の感覚器官をもたない。感覚器官によらずに、何かを感じるということはいかにして可能なのだろうか。この問いにはまだ答えが与えられていない。以下では、情動における身体的反応と脳によるその感受に着目しながら、この問題を考察していこう。

情動には特有の感覚器官がない。迫ってくるイヌを見ると恐怖が湧くが、イヌの唸り声を聞いただけでも恐怖が湧く。また、現実の場面を知覚しなくても、恐怖が湧くことがある。主人公がクマに襲われる映画のシーンを見ると、ぞっとするし、そのような状況を描いた小説の一節を読むだけでも、ぞっとする。さらに、何も知覚せずに、ただ状況を想像するだけでも、ぞっとする。バンジージャンプは、それをするのを思い浮かべただけでも、身震いがする。

情動はこのようにさまざまな知覚や想像のもとで生じる。このことから、情動はじつは事物の価値的性質を感じ取るのではなく、[5]それを判断するのだという考えが浮かぶかもしれない。歯を剝き出しにして迫ってくるイヌを怖いと判断するということであれば、じっさいにそのイヌを見るときだけではなく、映画で見たり、小説で読んだり、頭で想像したりするときにも、そのような判断が生じることに何の不思議もないだろう。判断はそれに特有の感覚器官がなくても生じる。

しかし、情動のじっさいの体験からすると、情動は明らかに事物の価値的性質を感受するものであるように思われる。イヌに恐怖を抱くとき、イヌをまさに怖いもの（＝危険なもの）と感じる。それはたんなる知的な判断ではなく、生々しい感じである。しかし、これにたいしては、情動を価値判断とみなす立場からも、それなりの応答が可能であろう。すなわち、情動はふつう身体的な反応を伴い、その反応は脳で感受される。歯を剝き出しにしてイヌに迫ってこられると、恐怖を覚えると同時に、身体が震え、その震えが脳で感じ取られる。情動はこのような身体的反応の感じを伴うため、価値的性質を感じ取るものであるように思われるのだ。しかしじっさいには、それはたんに価値的性質の判断にすぎず、その判断にただ身体的反応の感じが伴っているにすぎない。情動の本質は判断であり、感じはその判断に随伴するものにすぎないのである。

　情動において事物の価値的性質が感じられるという点については、このように情動を価値判断とする見方においても、それなりの応答が可能である。しかし、価値判断説には、明らかな難点がある。私たちは歯を剝き出しにしたイヌに恐怖を覚えつつも、そのイヌが檻のなかに入っているので、本当は怖くない（＝危険でない）と判断することがある。つまり、イヌに恐怖を抱きつつも、イヌを怖くないと判断するのである。イヌへの恐怖が、イヌは怖いという判断なら、ここでは矛盾した判断が生じていることになる。すなわち、イヌを怖いと判断しつつ、同時に怖くないと判断していることになる。しかし、こんな明々白々の矛盾が生じているとは考えがたい。いくらなんでも私たちはそこまで愚かではない。そうだとすれば、イヌへの恐怖はやはり判断ではなく、感じであろう。イヌに恐怖を抱くとき、私たちは、6イヌをまさに怖いと感じているのである。

（信原幸弘『情動の哲学入門』より）

問1　傍線部1「価値的な性質」とあるが、この文章中で「価値的な性質」あるいは「価値的性質」とはどういう性質を指しているか。最適なものを次の①～⑤から選べ。

① 喜びや悲しみといった感情と直結するもの
② 私たちの目の前に立ち現れてくるもの
③ 感じることができるが感覚で捉えることができないもの
④ 事実的性質と正反対の性質であるもの
⑤ 色や形以上の何かが感じられるもの

問2　傍線部2「感じる」のように、文章中では「感じる」の語が特に括弧でくくられていることがある。どうしてそうなっているのか、その理由として最適なものを次の①～⑤から選べ。

① 情動でも知覚でも捉えることのできない感覚という意味を示すため
② 感覚器官でまったく捉えられない性質を表すために用いているため
③ たんに色や形が見えるということではなく、それ以上の何かが感じられることを示すため
④ あるものの性質を感じ取ることを強調する目的で特別の表記としているため
⑤ 事実的性質と価値的性質に共通の性質を示すというやや特殊な意味に用いているため

問3　傍線部3「二種類の能力」とは具体的にどういうものか。その説明として最適なものを次の①～⑤から選べ。

① 「感じる」という力によるものと、そうでないものの二種類
② 美味しそうなものと、美しいものとの性質を捉える能力

③ 知覚と情動によるそれぞれ異なった性質を捉える能力
④ 感覚器官の異なった使い方によって性質を捉える二種類
⑤ オリンピックでの日本選手の活躍に喜びを覚える能力

問4 傍線部4「情動の範囲を広げて」とあるが、どのように広げたのか。最適なものを次の①～⑤から選べ。

① 価値的判断によるものに広げる
② 快感や苦痛などにまで広げる
③ 単純な感情や好悪以外に広げる
④ 二種類の能力にまで広げる
⑤ 心の状態に関係ないものまで広げる

問5 傍線部5「それを判断するのだ」とあるが、その理由として最適なものを次の①～⑤から選べ。

① 感覚なしに生じるものであるので、知的な判断と考えるほうが妥当であるため
② 事物自体を直接に判断のための重要な対象とするものであるから
③ 頭の中だけで演繹される事象であるため、知的な判断と考えられやすいから
④ 情動から生じるものであることから、価値的性質はわかりにくいため
⑤ 判断材料がないところで、判断を下さざるを得ないことを示すため

問6　傍線部6「イヌをまさに怖いと感じているのである」とあるが、これはどうしてそういう結論になるのか。そのわけとして最適なものを次の①～⑤から選べ。

① 情動の本質は常に判断に基づくものであるから
② 価値判断説では説明がつかない現象があるため
③ 判断は特有の感覚器官がなくても生じるから
④ 情動は身体的な反応の感じをともなうため
⑤ 矛盾した判断が生じる場合が多いから

問7　この文章中で用いられている「判断」の語は、どういう意味に対して反対の意味で使われているか。最適なものを次の①～⑤から選べ。

① 反応　② 恐怖　③ 情動　④ 知覚　⑤ 感じ

問8　この文章の論旨から、正しいものはどれか。最適なものを次の①～⑤から選べ。

① 情動の能力は感覚器官には基づかない
② 価値的性質は情動が捉えることができる
③ 事実的性質は身体的反応を伴なう
④ 価値的性質というものは本質的に存在しえない
⑤ 知的判断と、情動とは裏表の関係にある

第1部

第5問 「分ける」と「つなげる」の融合型の攻略

2017年センター試験

演習の目安時間 25分

次の文章は、二〇〇二年に刊行された科学論の一節である。これを読んで、後の問いに答えよ。なお、設問の都合で本文の段落に①～⑬の番号を付してある。また、表記を一部改めている。

① 現代社会は科学技術に依存した社会である。近代科学の成立期とされる十六世紀、十七世紀においては、そもそも「科学」という名称で認知されるような知的活動は存在せず、伝統的な自然哲学の一環としての、一部の好事家による楽しみの側面が強かった。しかし、十九世紀になると、科学研究は「科学者」という職業的専門家によって各種高等教育機関で営まれる知識生産へと変容し始める。既存の知識の改訂と拡大のみを生業とする集団を社会に組み込むことになったのである。さらに二十世紀になり、国民国家の競争の時代になると、科学は技術的な威力と結びつくことによって、この競争の重要な戦力としての力を発揮し始める。二度にわたる世界大戦が科学—技術の社会における位置づけを決定的にしていったのである。

② 第二次世界大戦以後、科学技術という営みの存在は膨張を続ける。※プライスによれば、科学技術という営みは十七世紀以来、十五年で(ア)バイゾウするという速度で膨張してきており、二十世紀後半の科学技術の存在は※GNPの二パーセント強の投資を要求するまでになってきているのである。現代の科学技術は、かつてのような思弁的、宇宙論的伝統に基づく自然哲学的性格を失い、(A)先進国の社会体制を維持する重要な装置となってきている。

③ 十九世紀から二十世紀前半にかけては科学という営みの規模は小さく、にもかかわらず技術と結びつき始

めた科学―技術は社会の諸問題を解決する能力を持っていた。「もっと科学を」というスローガンが説得力を持ち得た所以《ゆえん》である。しかし二十世紀後半の科学―技術は両面価値的存在になり始める。現代の科学―技術では、自然の仕組みを解明し、宇宙を説明するという営みの比重が下がり、実験室の中に天然では生じない条件を作り出し、そのもとでさまざまな人工物を作り出すなど、自然に介入し、操作する能力の開発に重点が移動している。その結果、永らく人類を脅かし苦しめてきた病や災害といった自然の脅威を制御できるようになってきたが、同時に、科学―技術の作り出した人工物が人類にさまざまな災いをもたらし始めてもいるのである。科学―技術が恐るべき速度で生み出す新知識が、われわれの日々の生活に商品や製品として放出されてくる。いわゆる「※環境ホルモン」や地球環境問題、先端医療、情報技術などがその例である。B こうして「もっと科学を」というスローガンの説得力は低下し始め、「科学が問題ではないか」という新たな意識が社会に生まれ始めているのである。

④ しかし、科学者は依然として「もっと科学を」という発想になじんでおり、このような「科学が問題ではないか」という問いかけを、科学に対する無知や誤解から生まれた情緒的反発とみなしがちである。ここからは、素人の一般市民への科学教育の充実や、科学啓蒙《けいもう》プログラムの展開という発想しか生まれないのである。

⑤ このような状況に一石を投じたのが科学社会学者の※コリンズとピンチの『ゴレム』である。ゴレムとはユダヤの神話に登場する怪物である。人間が水と土から創り出した怪物で、魔術的力を備え、日々その力を増加させつつ成長する。人間の命令に従い、人間の代わりに仕事をし、外敵から守ってくれる。しかしこの怪物は不器用で危険な存在でもあり、適切に制御しなければ主人を破壊する威力を持っている。コリンズとピンチは、現代では、科学が、全面的に善なる存在か全面的に悪なる存在かのどちらかのイメージに引き裂かれているという。そして、このような分裂したイメージを生んだ理由は、科学が実在と直結した無謬《むびゅう》の知

識という神のイメージで捉えられてきており、科学が自らを実態以上に美化することによって過大な約束をし、それが必ずしも実現しないことが幻滅を生み出したからだという。つまり、全面的に善なる存在というイメージが科学者から振りまかれ、他方、※チェルノブイリ事故や※狂牛病に象徴されるような事件によって科学への幻滅が生じ、一転して全面的に悪なる存在というイメージに変わったというのである。

⑥ コリンズとピンチの処方箋は、科学者が振りまいた当初の「実在と直結した無謬の知識という神のイメージ」を科学の実態に即した「不確実で失敗しがちな向こう見ずでへまをする巨人のイメージ」、つまりゴーレムのイメージに取りかえることを主張したのである。そして、科学史から七つの具体的な実験をめぐる論争を取り上げ、近年の科学社会学研究に基づくケーススタディーを提示し、科学上の論争の終結がおよそ科学哲学者が想定するような論理的、方法論的決着ではなく、さまざまなヨウインが絡んで生じていることを明らかにしたのである。

⑦ 彼らが扱ったケーススタディーの一例を挙げよう。一九六九年に※ウェーバーが、十二年の歳月をかけて開発した実験装置を用いて、※重力波の測定に成功したと発表した。これをきっかけに、追試をする研究者があらわれ、重力波の存在をめぐって論争となったのである。この論争において、実験はどのような役割を果たしていたかという点が興味深い。追試実験から、ウェーバーの結果を否定するようなデータを手に入れた科学者は、それを発表するかいなかという選択の際にヤッカイな問題を抱え込むのである。否定的な結果を発表することは、ウェーバーの実験が誤りであり、このような大きな値の重力波は存在しないという主張をすることになる。しかし、実は批判者の追試実験の方に不備があり、本当はウェーバーの検出した重力波が存在するということが明らかになれば、この追試実験の結果によって彼は自らの実験能力の低さを公表することになる。

⑧ 学生実験の場合には、実験をする前におおよそどのような結果になるかがわかっており、それと食い違え

ば実験の失敗がセンコク[エ]される。しかし現実の科学では必ずしもそうはことが進まない。重力波の場合、どのような結果になれば実験は成功といえるかがわからないのである。重力波が検出されれば、実験は成功なのか、それとも重力波が検出されなければ、実験は成功なのか。しかしまさに争点は、重力波が存在するかどうかであり、そのための実験なのである。何が実験の成功といえる結果なのかを、前もって知ることはできない。重力波が存在するかどうかを知るために、「優れた検出装置を作らなければならない。しかし、その装置を使って適切な結果を手に入れなければ、装置が優れたものであったかどうかはわからない。しかし、優れた装置がなければ、何が適切な結果かということはわからない……」。コリンズとピンチはこのような循環を「実験家の悪循環」と呼んでいる。

⑨ 重力波の論争に関しては、このような悪循環が生じ、その存在を完全に否定する実験的研究は不可能であるにもかかわらず（存在、非存在の可能性がある）、結局、有力科学者の否定的発言をきっかけにして、科学者の意見が雪崩を打って否定論に傾き、それ以後、※重力波の存在は明確に否定されたのであった。つまり、論理的には重力波の存在もしくは非存在を実験によって決着をつけられていなかったが、科学者共同体の判断は、非存在の方向で収束したということである。

⑩ コリンズとピンチは、このようなケーススタディーをもとに、「もっと科学を」路線を批判するのである。民主主義国家の一般市民は確かに、原子力発電所の建設をめぐって、あるいは遺伝子組み換え食品の是非についてなどさまざまな問題に対して意思表明をし、決定を下さねばならない。そしてそのためには、一般市民に科学に「ついての」知識ではなく、科学知識そのものを身につけさせるようにすべきだ、と主張される。しかしこのような論争を伴う問題の場合には、どちらの側にも科学者や技術者といった専門家がついているではないか。そしてこの種の論争が、専門家の間でさえ、ケーススタディーが明らかにしたように、よりよい実験やさらなる知識、理論の発展あるいはより明晰《めいせき》な思考などによっては必ずしも短期間に解決でき

ないのであり、それを一般市民に期待するなどというのはばかげていると主張するのである。彼らはいう。一般市民に科学をもっと伝えるべきであるという点では、異論はないが、伝えるべきことは、科学の内容ではなく、専門家と政治家やメディア、そしてわれわれとの関係についてなのだ、と。

⑪ 科学を「実在と直結した無謬の知識という神のイメージ」から「ゴレムのイメージ」（＝「ほんとうの」姿）でとらえなおそうという主張は、科学を一枚岩とみなす発想を掘り崩す効果をもっている。そもそも、高エネルギー物理学、ヒトゲノム計画、古生物学、工業化学などといった一見して明らかに異なる領域をひとしなみに「科学」となぜ呼べるのであろうか、という問いかけをわれわれは真剣に考慮する時期にきている。

⑫ Dにもかかわらず、この議論の仕方には問題がある。コリンズとピンチは、一般市民の科学観が「実在と直結した無謬の知識という神のイメージ」であり、それを「ゴレム」に取り替えよ、それが科学の「ほんとうの」姿であり、これを認識すれば、科学至上主義の裏返しの反科学主義という病理はオイやされるという。しかし、「ゴレム」という科学イメージはなにも科学社会学者が初めて発見したものではない。歴史的にはポピュラーなイメージといってもよいであろう。メアリー・シェリーが『フランケンシュタインあるいは現代のプロメテウス』を出版したのは一八一八年のことなのである。その後も、スティーブンソンの『ジキル博士とハイド氏』、H・G・ウェルズの『モロー博士の島』さらにはオルダス・ハクスリーの『すばらしき新世界』など、科学を怪物にたとえ、その暴走を危惧するような小説は多数書かれており、ある程度人口に膾炙《かいしゃ》していたといえるからである。

⑬ 結局のところ、コリンズとピンチは科学者の一枚岩という「神話」を掘り崩すのに成功はしたが、その作業のために、「一枚岩の」一般市民という描像を前提にしてしまっている。一般市民は一枚岩的に「科学は一枚岩」だと信じている、と彼らは認定しているのである。言いかえれば、科学者はもちろんのこと、一般

市民も科学の「ほんとうの」姿を知らないという前提である。では誰が知っているのか。科学社会学者という答えにならざるを得ない。科学を正当に語る資格があるのは誰か、という問いに対して、コリンズとピンチは「科学社会学者である」と答える構造の議論をしてしまっているのである。

（小林傳司《こばやしただし》「科学コミュニケーション」より）

《注》

※プライス＝デレク・プライス（一九二二～一九八三）。物理学者・科学史家。

※ＧＮＰ＝国民総生産（Gross National Product）。ＧＮＩ（国民総所得 Gross National Income）に同じ。

※環境ホルモン＝環境中の化学物質で、生体内でホルモンのように作用して内分泌系をかく乱するとされるものの通称。その作用については未解明の部分が多い。

※コリンズとピンチ＝ハリー・コリンズ（一九四三～）とトレヴァー・ピンチ（一九五二～）のこと。『ゴレム』は、一九九三年に刊行された共著である。

※チェルノブイリ事故＝一九八六年四月二十六日、旧ソ連にあったチェルノブイリ原子力発電所の四号炉で起きた溶解、爆発事故のこと。

※狂牛病＝ＢＳＥ（Bovine Spongiform Encephalopathy ウシ海綿状脳症）。牛の病気。脳がスポンジ状になって起立不能に陥り、二週間から半年で死に至る。病原体に感染した家畜の肉や骨から製造された人工飼料（肉骨粉）によって発症・感染した可能性が指摘されている。一九八六年、イギリスで最初の感染牛が確認された。

※ウェーバー＝ジョセフ・ウェーバー（一九一九～二〇〇〇）。物理学者。

※重力波＝時空のゆがみが波となって光速で伝わる現象。一九一六年にアインシュタインがその存在を予言していた。

※重力波の存在は明確に否定された＝ウェーバーによる検出の事実は証明されなかったが、二〇一六年、アメリカの研究チームが直接検出に成功したと発表した。

問1　傍線部ア〜オに相当する漢字を含むものを、次の各群の①〜⑤のうちから、それぞれ一つずつ選べ。

ア　バイゾウ
① 細菌バイヨウの実験
② 印刷バイタイ
③ 裁判におけるバイシン制
④ 事故のバイショウ問題
⑤ 旧にバイしたご愛顧

イ　ヨウイン
① 観客をドウインする
② ゴウインな勧誘に困惑する
③ コンイン関係を結ぶ
④ インボウに巻き込まれる
⑤ 不注意にキインした事故を防ぐ

ウ　ヤッカイ
① ごリヤクがある
② ツウヤクの資格を取得する
③ ヤクドシを乗り切る
④ ヤッキになって反対する
⑤ ヤッコウがある野草を探す

エ　センコク
① 上級裁判所へのジョウコク
② コクメイな描写
③ コクビャクのつけにくい議論
④ コクソウ地帯
⑤ 筆跡がコクジした署名

オ　イやされる
① 物資をクウユする
② ヒユを頻用する
③ ユエツの心地を味わう
④ ユチャクを断ち切る

⑤　キョウユとして着任する

問2　傍線部A「先進国の社会体制を維持する重要な装置となってきている」とあるが、それはどういうことか。その説明として最も適当なものを、次の①～⑤のうちから一つ選べ。

①　現代の科学は、伝統的な自然哲学の一環としての知的な楽しみという性格を失い、先進国としての威信を保ち対外的に国力を顕示する手段となることで、国家の莫大《ばくだい》な経済的投資を要求する主要な分野へと変化しているということ。

②　現代の科学は、自然の仕組みを解明して宇宙を説明するという本来の目的から離れて、人々の暮らしを自然災害や疾病から守り、生活に必要な製品を生み出すことで、国家に奉仕し続ける任務を担うものへと変化しているということ。

③　現代の科学は、「科学者」という職業的専門家による小規模な知識生産ではなくなり、為政者の厳重な管理下に置かれる国家的な事業へと拡大することで、先進国間の競争の時代を継続させる戦略の柱へと変化しているということ。

④　現代の科学は、「もっと科学を」というスローガンが説得力を持っていた頃の地位を離れ、世界大戦の勝敗を決する戦力を生み出す技術となったことで、経済大国が国力を向上させるために重視する存在へと変化しているということ。

⑤　現代の科学は、人間の知的活動という側面を薄れさせ、自然に介入しそれを操作する技術により実利的成果をもたらすことで、国家間の競争の中で先進国の体系的な仕組みを持続的に支える不可欠な要素へと変化しているということ。

問3　傍線部B「こうして『もっと科学を』というスローガンの説得力は低下し始め、『科学が問題ではないか』という新たな意識が社会に生まれ始めているのである。」とあるが、それはどういうことか。その説明として最も適当なものを、次の①～⑤のうちから一つ選べ。

① 二十世紀前半までの科学は、自然の仕組みを知的に解明するとともに自然の脅威と向き合う手段を提供したが、現代における技術と結びついた科学は、自然に介入しそれを操作する能力の開発があまりにも急激で予測不可能となり、その前途に対する明白な警戒感が生じつつあるということ。

② 二十世紀前半までの科学は、自然哲学的な営みから発展して社会の諸問題を解決する能力を獲得したが、現代における技術と結びついた科学は、研究成果を新商品や新製品として社会へ一方的に放出する営利的な傾向が強まり、その傾向に対する顕著な失望感が示されつつあるということ。

③ 二十世紀前半までの科学は、日常の延長上で自然の仕組みを解明することによって社会における必要度を高めたが、現代における技術と結びついた科学は、実験室の中で天然では生じない条件の下に人工物を作り出すようになり、その方法に対する端的な違和感が高まりつつあるということ。

④ 二十世紀前半までの科学は、その理論を応用する技術と強く結びついて日常生活に役立つものを数多く作り出したが、現代における技術と結びついた科学は、その作り出した人工物が各種の予想外の災いをもたらすこともあり、その成果に対する全的な信頼感が揺らぎつつあるということ。

⑤ 二十世紀前半までの科学は、一般市民へ多くの実際的な成果を示すことによって次の段階へと貪欲に進展したが、現代における技術と結びついた科学は、その新知識が市民の日常的な生活感覚から次第に乖離《かいり》するようになり、その現状に対する漠然とした不安感が広がりつつあるということ。

問4 傍線部C「ゴレムのイメージに取りかえることを主張したのである」とあるが、それはどういうことか。その説明として最も適当なものを、次の①〜⑤のうちから一つ選べ。

① 全面的に善なる存在という科学に対する認識を、超人的な力を増加させつつ成長するがやがて人間に従属させることが困難になる怪物ゴレムのイメージで捉えなおすことで、現実の科学は人間の能力の限界を超えて発展し続け将来は人類を窮地に陥れる脅威となり得る存在であると主張したということ。

② 全面的に善なる存在という科学に対する認識を、水と土から産み出された有益な人造物であるが不器用な面を持ちあわせている怪物ゴレムのイメージで捉えなおすことで、現実の科学は自然に介入し操作できる能力を獲得しながらもその成果を応用することが容易でない存在であると主張したということ。

③ 全面的に善なる存在という科学に対する認識を、魔術的力とともに日々成長して人間の役に立つが欠陥が多く危険な面も備える怪物ゴレムのイメージで捉えなおすことで、現実の科学は新知識の探求を通じて人類に寄与する一方で制御困難な問題も引き起こす存在であると主張したということ。

④ 全面的に善なる存在という科学に対する認識を、人間の手で創り出されて万能であるが時に人間に危害を加えて失望させる面を持つ怪物ゴレムのイメージで捉えなおすことで、現実の科学は神聖なものとして美化されるだけでなく時には幻滅の対象にもなり得る存在であると主張したということ。

⑤ 全面的に善なる存在という科学に対する認識を、主人である人間を守りもするがその人間を破壊する威力も持つ怪物ゴレムのイメージで捉えなおすことで、現実の科学は適切な制御なしにはチェルノブイリ事故や狂牛病に象徴される事件を招き人類に災いをもたらす存在であると主張したということ。

問５　傍線部Ｄ「にもかかわらず、この議論の仕方には問題がある。」とあるが、それはなぜか。その理由として最も適当なものを、次の①〜⑤のうちから一つ選べ。

① コリンズとピンチは、「ゴレム」という科学イメージを利用することによって、初めて科学の「ほんとうの」姿を提示し科学至上主義も反科学主義も共に否定できたとするが、それ以前の多くの小説家も同様のイメージを描き出すことで、一枚の岩のように堅固な一般市民の科学観をたびたび問題にしてきたという事実を、彼らは見落としているから。

② コリンズとピンチは、さまざまな問題に対して一般市民自らが決定を下せるように、市民に科学をもっと伝えるべきだと主張してきたが、原子力発電所建設の是非など、実際の問題の多くは「科学者」という職業的専門家の間でも簡単に解決できないものであり、単に科学に関する知識を伝えるだけでは、市民が適切に決定を下すには十分でないから。

③ コリンズとピンチは、科学を裂け目のない一枚の岩のように堅固なものと見なしてきたそれまでの科学者を批判し、古生物学、工業化学などといった異なる領域を一括《ひとくく》りに「科学」と呼ぶ態度を疑問視しているが、多くの市民の生活感覚からすれば科学はあくまでも科学であって、実際には専門家の示す科学的知見に疑問を差しはさむ余地などないから。

④ コリンズとピンチは、歴史的にポピュラーな「ゴレム」という科学イメージを使って科学は無謬の知識だという発想を批判したが、科学者と政治家やメディア、そして一般市民との関係について人々に伝えるべきだという二人の主張も、一般市民は科学の「ほんとうの」姿を知らない存在だと決めつける点において、科学者と似た見方であるから。

⑤ コリンズとピンチは、これまでの科学者が振りまいた一枚の岩のように堅固な科学イメージを突き崩すのに成功したが、彼らのような科学社会学者は、科学に「ついての」知識の重要性を強調するばかりで、

科学知識そのものを十分に身につけていないため、科学を正当に語る立場に基づいて一般市民を啓蒙していくことなどできないから。

問6 この文章の表現と構成・展開について、次の（ⅰ）・（ⅱ）の問いに答えよ。

（ⅰ） この文章の第①〜⑧段落の表現に関する説明として**適当でないもの**を、次の①〜④のうちから一つ選べ。

① 第①段落の「『科学者』という職業的専門家」という表現は、「科学者」が二十世紀より前の時代では一般的な概念ではなかったということを、かぎ括弧をつけ、「という」を用いて言いかえることによって示している。

② 第⑤段落の「このような状況に一石を投じた」という表現は、コリンズとピンチの共著『ゴレム』の主張が当時の状況に問題を投げかけ、反響を呼んだものとして筆者が位置づけているということを、慣用句によって示している。

③ 第⑥段落の「コリンズとピンチの処方箋」という表現は、筆者が当時の状況を病理と捉えたうえで、二人の主張が極端な対症療法であると見なされていたということを、医療に関わる用語を用いたたとえによって示している。

④ 第⑧段落の「優れた検出装置を〜。しかし〜わからない。しかし〜わからない……」という表現は、思考が循環してしまっているということを、逆接の言葉の繰り返しと末尾の記号によって示している。

(ii) この文章の構成・展開に関する説明として**適当でないもの**を、次の①〜④のうちから一つ選べ。

① 第1〜3段落では十六世紀から二十世紀にかけての科学に関する諸状況を時系列的に述べ、第4段落ではその諸状況が科学者の高慢な認識を招いたと結論づけてここまでを総括している。

② 第5〜6段落ではコリンズとピンチの共著『ゴレム』の趣旨と主張をこの文章の論点として提示し、第7〜9段落で彼らの取り上げたケーススタディーの一例を紹介している。

③ 第10段落ではコリンズとピンチの説明を追いながら彼らの主張を確認し、第11段落では現代の科学における多様な領域の存在を踏まえつつ、彼らの主張の意義を確認している。

④ 第12段落ではコリンズとピンチの議論の仕方に問題のあることを指摘した後に具体的な事例を述べ、第13段落ではコリンズとピンチの主張の実質を確認して、筆者の見解を述べている。

第6問 「複数テクスト」の攻略

2021年大学入学共通テスト

演習の目安時間 25分

次の文章は、香川雅信《かがわまさのぶ》『江戸の妖怪革命』の序章の一部である。本文中でいう「本書」とはこの著作を指し、「近世」とは江戸時代にあたる。これを読んで、後の問いに答えよ。なお、設問の都合で本文の段落に①〜⑱の番号を付してある。

① フィクションとしての妖怪、とりわけ娯楽の対象としての妖怪は、いかなる歴史的背景のもとで生まれてきたのか。

② 確かに、鬼や天狗《てんぐ》など、古典的な妖怪を題材にした絵画や芸能は古くから存在した。しかし、妖怪が明らかにフィクションの世界に属する存在としてとらえられ、そのことによってかえっておびただしい数の妖怪画や妖怪を題材とした文芸作品、大衆芸能が創作されていくのは、近世も中期に入ってからのことなのである。つまり、フィクションとしての妖怪という領域自体が歴史性を帯びたものなのである。

③ 妖怪はそもそも、日常的理解を超えた不可思議な現象に意味を与えようとする(ア)ミンゾク的な心意から生まれたものであった。人間はつねに、経験に裏打ちされた日常的な原因—結果の了解に基づいて目の前に生起する現象を認識し、未来を予見し、さまざまな行動を決定している。ところが時たま、そうした日常的な因果了解では説明のつかない現象に遭遇する。それは通常の認識や予見を無効化するため、人間の心に不安と恐怖を(イ)カンキする。このような言わば意味論的な危機に対して、それをなんとか意味の体系のなかに回収するために生み出された文化的装置が「妖怪」だった。それは人間が秩序ある意味世界のなかで生きてい

くうえでの必要性から生み出されたものであり、それゆえに切実なリアリティをともなっていた。A民間伝承としての妖怪とは、そうした存在だったのである。

④妖怪が意味論的な危機から生み出されるものであるかぎり、そしてそれゆえにリアリティを帯びた存在であるかぎり、それをフィクションとして楽しもうという感性は生まれえない。フィクションとしての妖怪という領域が成立するには、妖怪に対する認識が根本的に変容することが必要なのである。

⑤妖怪に対する認識がどのように変容したのか。そしてそれは、いかなる歴史的背景から生じたのか。本書ではそのような問いに対する答えを、「妖怪娯楽」の具体的な事例を通して探っていこうと思う。

⑥妖怪に対する認識の変容を記述し分析するうえで、本書ではフランスの哲学者ミシェル・フーコーの「アルケオロジー」の手法をウエンヨウすることにしたい。

⑦アルケオロジーとは、通常「考古学」と訳される言葉であるが、フーコーの言うアルケオロジーは、思考や認識を可能にしている知の枠組み――「エピステーメー」（ギリシャ語で「知」の意味）の変容として歴史を描き出す試みのことである。人間が事物のあいだにある秩序を認識し、それにしたがって思考する際に、われわれは決して認識に先立って「客観的に」存在する事物の秩序そのものに触れているわけではない。事物のあいだになんらかの関係性をうち立てるある一つの枠組みを通して、はじめて事物の秩序を認識することができるのである。この枠組みがエピステーメーであり、しかもこれは時代とともに変容する。事物に対する認識や思考が、時間をエヘダてることで大きく変貌してしまうのだ。

⑧フーコーは、十六世紀から近代にいたる西欧の「知」の変容について論じた『言葉と物』という著作において、このエピステーメーの変貌を、「物」「言葉」「記号」そして「人間」の関係性の再編成として描き出している。これらは人間が世界を認識するうえで重要な役割を果たす諸要素であるが、そのあいだにどのような関係性がうち立てられるかによって、「知」のあり方は大きく様変わりする。

⑨ 本書では、このアルケオロジーという方法を踏まえて、日本の妖怪観の変容について記述することにしたい。それは妖怪観の変容を「物」「言葉」「記号」「人間」の布置の再編成として記述する試みである。この方法は、同時代に存在する一見関係のないさまざまな文化事象を、同じ世界認識の平面上にあるものとしてとらえることを可能にする。これによって日本の妖怪観の変容を、大きな文化史的変動のなかで考えることができるだろう。

⑩ では、ここで本書の議論を先取りして、[B]アルケオロジー的方法によって再構成した日本の妖怪観の変容について簡単に述べておこう。

⑪ 中世において、妖怪の出現は多くの場合「凶兆」として解釈された。それらは神仏をはじめとする神秘的存在からの「警告」であった。すなわち、妖怪は神霊からの「言葉」を伝えるものという意味で、一種の「記号」だったのである。これは妖怪にかぎったことではなく、あらゆる自然物がなんらかの意味を帯びた「記号」として存在していた。つまり、「物」は物そのものと言うよりも「記号」であったのである。これらの「記号」は所与のものとして存在しており、人間にできるのはその「記号」を「読み取る」こと、そしてその結果にしたがって神霊への働きかけをおこなうことだけだった。

⑫ 「物」が同時に「言葉」を伝える「記号」である世界。こうした認識は、しかし近世において大きく変容する。「物」にまとわりついた「言葉」や「記号」としての性質が剝ぎ取られ、はじめて「物」そのものとして人間の目の前にあらわれるようになるのである。ここに近世の自然認識や、西洋の博物学に相当する※本草学《ほんぞうがく》という学問が成立する。そして妖怪もまた博物学的な思考、あるいは嗜好《しこう》の対象となっていくのである。

⑬ この結果、「記号」の位置づけも変わってくる。かつて「記号」は所与のものとして存在し、人間はそれを「読み取る」ことしかできなかった。しかし、近世においては、「記号」は人間が約束事のなかで作り出

すことができるものとなった。これは、「記号」が神霊の支配を逃れて、人間の完全なコントロール下に入ったことを意味する。こうした「記号」を、本書では「表象」と呼んでいる。人工的な記号、人間の支配下にあることがはっきりと刻印された記号、それが「表象」である。

⑭「表象」は、意味を伝えるものであるよりも、むしろその形象性、視覚的側面が重要な役割を果たす「記号」である。妖怪は、伝承や説話といった「言葉」の世界、意味の世界から切り離され、名前や視覚的形象によって弁別される「表象」となっていった。それはまさに、現代で言うところの「キャラクター」であった。そしてキャラクターとなった妖怪は完全にリアリティを喪失し、フィクショナルな存在として人間の娯楽の題材へと化していった。妖怪は「表象」という人工物へと作り変えられたことによって、人間の手で自由自在にコントロールされるものとなったのである。こうした妖怪の「表象」化は、人間の支配力が世界のあらゆる局面、あらゆる「物」に及ぶようになったことの帰結である。かつて神霊が占めていたその位置を、いまや人間が占めるようになったのである。

⑮ここまでが、近世後期――より具体的には十八世紀後半以降の都市における妖怪観である。だが、近代になると、こうした近世の妖怪観はふたたび編成しなおされることになる。「表象」として、リアリティの領域から切り離されてあった妖怪が、以前とは異なる形でリアリティのなかに回帰するのである。これは、近世は妖怪をリアルなものとして恐怖していた迷信の時代、近代はそれを合理的思考によって否定し去った啓《けい》蒙《もう》の時代、という一般的な認識とはまったく逆の形である。

⑯「表象」という人工的な記号を成立させていたのは、「万物の霊長」とされた人間の力の絶対性であった。ところが近代になると、この「人間」そのものに根本的な懐疑が突きつけられるようになる。人間は「神経」の作用、「催眠術」の効果、「心霊」の感応によって容易に妖怪を「見てしまう」不安定な存在、「内面」というコントロール不可能な部分を抱えた存在として認識されるようになったのだ。かつて「表象」として

フィクショナルな領域に囲い込まれていた妖怪たちは、今度は「人間」そのものの内部に棲《す》みつくようになったのである。

⑰ そして、こうした認識とともに生み出されたのが、「私」という近代に特有の思想であった。謎めいた「内面」を抱え込んでしまったことで、「私」は私にとって「不気味なもの」となり、いっぽうで未知なる可能性を秘めた神秘的な存在となった。妖怪は、まさにこのような「私」をオ トウエイした存在としてあらわれるようになるのである。

⑱ 以上がアルケオロジー的方法によって描き出した、妖怪観の変容のストーリーである。

《注》

※本草学＝もとは薬用になる動植物などを研究する中国由来の学問で、江戸時代に盛んとなり、薬物にとどまらず広く自然物を対象とするようになった。

問1 傍線部ア～オに相当する漢字を含むものを、次の各群の①～④のうちから、それぞれ一つずつ選べ。

ア ミンゾク

① 楽団にショゾクする
② カイゾク版を根絶する
③ 公序リョウゾクに反する
④ 事業をケイゾクする

イ カンキ

① 証人としてショウカンされる
② 優勝旗をヘンカンする
③ 勝利のエイカンに輝く
④ 意見をコウカンする

ウ　エンヨウ

①　鉄道のエンセンに住む
②　キュウエン活動を行う
③　雨で試合がジュンエンする
④　エンジュクした技を披露する

エ　ヘダてる

①　敵をイカクする
②　施設のカクジュウをはかる
③　外界とカクゼツする
④　海底のチカクが変動する

オ　トウエイ

①　意気トウゴウする
②　トウチ法を用いる
③　電気ケイトウが故障する
④　強敵を相手にフントウする

問2　傍線部A「民間伝承としての妖怪」とは、どのような存在か。その説明として最も適当なものを、次の①〜⑤のうちから一つ選べ。

①　人間の理解を超えた不可思議な現象に意味を与え日常世界のなかに導き入れる存在。
②　通常の認識や予見が無効となる現象をフィクションの領域においてとらえなおす存在。
③　目の前の出来事から予測される未来への不安を意味の体系のなかで認識させる存在。
④　日常的な因果関係にもとづく意味の体系のリアリティを改めて人間に気づかせる存在。
⑤　通常の因果関係の理解では説明のできない意味論的な危機を人間の心に生み出す存在。

問３　傍線部Ｂ「アルケオロジー的方法」とは、どのような方法か。その説明として最も適当なものを、次の①～⑤のうちから一つ選べ。

① ある時代の文化事象のあいだにある関係性を理解し、その理解にもとづいて考古学の方法に倣い、その時代の事物の客観的な秩序を復元して描き出す方法。

② 事物のあいだにある秩序を認識し思考することを可能にしている知の枠組みをとらえ、その枠組みが時代とともに変容するさまを記述する方法。

③ さまざまな文化事象を「物」「言葉」「記号」「人間」という要素ごとに分類して整理し直すことで、知の枠組みの変容を描き出す方法。

④ 通常区別されているさまざまな文化事象を同じ認識の平面上でとらえることで、ある時代の文化的特徴を社会的な背景を踏まえて分析し記述する方法。

⑤ 一見関係のないさまざまな歴史的事象を「物」「言葉」「記号」そして「人間」の関係性に即して接合し、大きな世界史的変動として描き出す方法。

問４　傍線部Ｃ「妖怪の『表象』化」とは、どういうことか。その説明として最も適当なものを、次の①～⑤のうちから一つ選べ。

① 妖怪が、人工的に作り出されるようになり、神霊による警告を伝える役割を失って、人間が人間を戒めるための道具になったということ。

② 妖怪が、神霊の働きを告げる記号から、人間が約束事のなかで作り出す記号になり、架空の存在として楽しむ対象になったということ。

③ 妖怪が、伝承や説話といった言葉の世界の存在ではなく視覚的な形象になったことによって、人間世界

に実在するかのように感じられるようになったということ。

④ 妖怪が、人間の手で自由自在に作り出されるものになり、人間の力が世界のあらゆる局面や物に及ぶきっかけになったということ。

⑤ 妖怪が、神霊からの警告を伝える記号から人間がコントロールする人工的な記号になり、人間の性質を戯画的に形象した娯楽の題材になったということ。

問5 この文章を授業で読んだNさんは、内容をよく理解するために【ノート1】〜【ノート3】を作成した。本文の内容とNさんの学習の過程を踏まえて、(i)〜(iii)の問いに答えよ。

(i) Nさんは、本文の①〜⑱を【ノート1】のように見出しをつけて整理した。[Ⅰ]・[Ⅱ]に入る語句の組合せとして最も適当なものを、後の①〜④のうちから一つ選べ。

【ノート1】

●問題設定(①〜⑤)

②〜③ [Ⅰ]

④〜⑤ [Ⅱ]

●方法論(⑥〜⑨)

⑦〜⑨ アルケオロジーの説明

●日本の妖怪感の変容（⑩〜⑱）

⑪　中世の妖怪

⑫〜⑭　近世の妖怪

⑮〜⑰　近代の妖怪

① Ⅰ 妖怪はいかなる歴史的背景のもとで娯楽の対象になったのかという問い
　Ⅱ 意味論的な危機から生み出される妖怪

② Ⅰ 妖怪はいかなる歴史的背景のもとで娯楽の対象になったのかという問い
　Ⅱ 妖怪娯楽の具体的事例の紹介

③ Ⅰ 娯楽の対象となった妖怪の説明
　Ⅱ いかなる歴史的背景のもとで、どのように妖怪認識が変容したのかという問い

④ Ⅰ 妖怪に対する認識の歴史性
　Ⅱ いかなる歴史的背景のもとで、どのように妖怪認識が変容したのかという問い

（ii）Nさんは、本文で述べられている近世から近代への変化を【ノート2】のようにまとめた。［Ⅲ］・［Ⅳ］に入る語句として最も適当なものを、後の各群の①〜④のうちから、それぞれ一つずつ選べ。

【ノート2】

近世と近代の妖怪観の違いの背景には、「表象」と「人間」との関係の変容があった。

近世には、人間によって作り出された、［Ⅲ］が現れた。しかし、近代へ入ると［Ⅳ］が認識される

ようになったことで、近代の妖怪は近世の妖怪にはなかったリアリティを持った存在として現れるようになった。

Ⅲ

① 恐怖を感じさせる形象としての妖怪
② 神霊からの言葉を伝える記号としての妖怪
③ 視覚的なキャラクターとしての妖怪
④ 人を化かすフィクショナルな存在としての妖怪

Ⅳ

① 合理的な思考をする人間
② 「私」という自立した人間
③ 万物の霊長としての人間
④ 不可解な内面をもつ人間

(iii)【ノート2】を作成したNさんは、近代の妖怪観の背景に興味をもった。そこで出典の『江戸の妖怪革命』を読み、【ノート3】を作成した。［V］に入る最も適当なものを、後の①〜⑤のうちから一つ選べ。

【ノート3】

本文の⑰には、近代において「私」が私にとって「不気味なもの」となったということが書かれていた。このことに関係して、本書第四章には、欧米でも日本でも近代になってドッペルゲンガーや自己分裂を主題とした小説が数多く発表されたとあり、芥川龍之介の小説「歯車」（一九二七年発表）の次の一節が例として引用されていた。

第二の僕、――独逸人《どいつ》の所謂《いわゆる》Doppelgaengerは仕合《しあわ》せにも僕自身に見えたことはなかった。しかし亜米利加《あめりか》の映画俳優になったK君の夫人は第二の僕を帝劇の廊下に見かけていた。（僕は突然K君の夫人に「先達《せんだって》はつい御挨拶もしませんで」と言われ、当惑したことを覚えている。）それからもう故人になったある隻脚《かたあし》の翻訳家もやはり銀座のある煙草屋《たばこや》に第二の僕を見かけていた。死はあるいは僕よりも第二の僕に来るのかも知れなかった。

考察　ドッペルゲンガー（Doppelgaenger）とは、ドイツ語で「二重に行く者」、すなわち「分身」の意味であり、もう一人の自分を「見てしまう」怪異のことである。また、「ドッペルゲンガーを見た者は死ぬと言い伝えられている」と説明されていた。［V］

⑰に書かれていた「『私』という近代に特有の思想」とは、こうした自己意識を踏まえた指摘だったこ

とがわかった。

①「歯車」の僕は、自分の知らないところで別の僕が行動していることを知った。僕はまだ自分でドッペルゲンガーを見たわけではないと安心し、別の僕の行動によって自分が周囲から承認されているのだと悟った。これは、「私」が他人の認識のなかで生かされているという神秘的な存在であることの例にあたる。

②「歯車」の僕は、自分には心当たりがない場所で別の僕が目撃されていたと知った。僕は自分でドッペルゲンガーを見たわけではないのでひとまずは安心しながらも、もう一人の自分に死が訪れるのではないかと考えていた。これは、「私」が自分自身を統御できない不安定な存在であることの例にあたる。

③「歯車」の僕は、身に覚えのないうちに、会いたいと思っていた人の前に別の僕が姿を現していたと知った。僕は自分でドッペルゲンガーを見たわけではないが、別の僕が自分に代わって思いをかなえてくれたことに驚いた。これは、「私」が未知なる可能性を秘めた存在であることの例にあたる。

④「歯車」の僕は、自分がいたはずのない場所に別の僕がいたことを知った。僕は自分でドッペルゲンガーを見たわけではないと自分を落ち着かせながらも、自分が分身に乗っ取られるかもしれないという不安を感じた。これは、「私」が「私」という分身にコントロールされてしまう不気味な存在であることの例にあたる。

⑤「歯車」の僕は、自分がいるはずのない時と場所で僕を見かけたと言われた。僕は今のところ自分でドッペルゲンガーを見たわけではないので死ぬことはないと安心しているが、他人にうわさされることに困惑していた。これは、「私」が自分で自分を制御できない部分を抱えた存在であることの例にあたる。

第2部

第1問

「小説文」の攻略

2018年センター試験（改題）

演習の目安時間 20分

次の文章は、井上荒野《いのうえあれの》の小説「キュウリいろいろ」の一節である。郁子は三十五年前に息子を亡くし、以来夫婦ふたり暮らしだったが、昨年夫が亡くなった。以下は、郁子がはじめてひとりでお盆を迎える場面から始まる。これを読んで、後の問い（問１～６）に答えよ。

おいしいビールを飲みながら、郁子は楊枝《ようじ》をキュウリに刺して、二頭の※馬を作った。本棚に並べた息子と夫の写真の前に置く。

キュウリで作るのは馬、茄子《なす》で作るのは牛の見立てだという。郁子は田舎の生まれだから、実家の立派な仏壇にも、お盆の頃には提灯《ちょうちん》と一緒にそれらが飾られていた。足の速い馬は仏様がこちらへ来るときに、足の遅い牛は仏様が向こうへ戻るときに乗っていただくのだという。

実家を出てからも、郁子は毎年それを作ってきた。三十五年間――息子の草《そう》が亡くなってからずっと。馬に乗って帰ってきてほしかったし、一緒に連れていってほしかった。あるときそれを夫に打ち明けてしまったことがある。キュウリの馬を作っていたら、君はほんとにそういうことを細々と熱心にやるねと、からかう口調で言われて、なんだか妙に腹が立ったのだ。あの子と一緒に乗っていけるように、立派な馬を作ってるのよ。言った瞬間に後悔したが、遅かった。俊介は何も言い返さなかった。ただ、それまでの無邪気な微笑《ほほえ》みがすっと消えて、暗い、寂しい顔になった。

後悔はしたのだ、いつも。だがなぜか再び舌が勝手に動いて、憎まれ口が飛び出す。そういうことが幾度もあった。俊介はたまったものではなかっただろう。いつも黙り込むだけだったが、いちどだけ腹に据えかねたのか「別れようか」と言われたことがあった。

別れようか。俺と一緒にいることが、そんなにつらいのなら……。

いやよ。郁子は即座にそう答えた。とうとう夫がその言葉を言ったということに戦《おのの》きながら、でもその衝撃を悟られまいと虚勢を張って。

あなたは逃げるつもりなのね？　そんなの許さない。わたしは絶対に別れない。

震える声を抑えながら、そう言った。それは本心でもあった。息子の死、息子の記憶に、ひとりでなんかとうてい耐えきれるはずがなかった。だから昨年、俊介が死んでしまったときは、怒りがあった。とうとう逃げたのね、と感じた。怒りは悲しみよりも大きいようで、どうしていいかわからなかった。

郁子はビールを飲み干すと、息子の写真を見、それから夫の写真を見た。キュウリの馬は、それぞれにちゃんと一頭ずつ作ったのだった。帰りの牛がないけれど、べつに帰らなくたっていいわよねえ、と思う。馬に乗ってきて、そのままずっとわたしのそばにいればいい。

写真の俊介が苦笑したように見えた。亡くなる少し前、友人夫婦と山へ行ったときの※スナップ。会話しながら笑っている顔。いかにも愉《たの》しげなゆったりとした表情をしているが、あとから友人にあれはあなたと喋《しゃべ》っているときよと教えられた。嘘《うそ》だわと思い、本当かしらとも思った。

数日前の同級生からの用件は、俊介の写真を借りたい、というものだった。名簿は一ページを四人で分割する形にして、本人が書いた簡単なプロフィールとともに、高校時代のスナップと、現在の写真を並べて載せたいのだという。この写真を貸すことはできるが、そうしたら返ってくるまでの間、書棚の額の片方が空になってしまう。

そのことが目下の懸案事項なのだった。写真を探さなければならない、と郁子は思った——じつのところ、この数日ずっとそう思っていた。夫と暮らした約四十年間の間に撮ったり、撮られたりして溜《た》まったスナップ写真は、押し入れの下段の布張りの箱に収まっている。箱の上には俊介が整理したアルバムも三冊ある。あれを取り出してみなければ。郁子はそう考え、なんだかもうずっと前、三十年も四十年も前から、そのことばかり考え続けていたような気がした。

お盆にしては空《す》いてるわね、と思った電車は乗り継ぐほどに混んできた。郁子が向かう先は都下とはいっても西の端の山間部だから、帰省する人もいるだろうし遊びに行く人もいるのだろう。

リュックを背負った中高年の一団に押し込まれるように車内の奥に移動すると、B少し離れた場所に座っていた若い女性がぱっと立ち上がり、わざわざ郁子を呼びに来て、席を譲ってくれた。どうもありがとう。やや面食らいながらお礼を言って、ありがたく腰を下ろした。

女性は、彼女の前に立っていた男性と二人連れらしかった。郁子が座ると、気を遣わせまいとしてか二人は離れた場所へ移動していった。恋人同士か、夫婦になったばかりの二人だろう。

三十数年前、ちょうど今の女性くらいの年の頃、同じこの電車に乗って同じ場所を目指していたことがあった。時間もちょうど同じくらい――午前九時頃。あのときも郁子は席を譲られたのだった。譲ってくれたのは年配の男性だった。男性の妻が郁子の隣に座っていたので、男性はそのままそこにいた。二人の女性が座り、向き合って二人の男性が立っているというかたちになって、四人でいくらかの言葉を交わした。何ヶ月くらいですか？　と男性の妻が郁子に訊《たず》ね、四ヶ月ですと郁子は答えた。よくおわかりになりましたね、と俊介が単純に不思議がっている口調で言った。郁子のお腹《なか》はまだほとんど目立たない頃だったから。経験者ですから、と男性の妻は笑い、奥さんじゃなくてご主人の様子を見ていればわかります、と男性が笑ったのだった。

山の名前の駅に着き、リュックサックの人たちが降りると、車内はずいぶん見通しがよくなった。気のせいかもしれないが温度も幾分下がったように感じられる。郁子は膝の上のトートバッグから封筒を取り出した。封筒の中には俊介の写真が十数枚入っている。

結局、本棚の上の遺影はそのままにしておくことにして、名簿用にはこの十数枚の中のどれかを使ってもらうつもりだった。もっとも十数枚を持ってきたのは、今日これから会う約束をしている俊介の元・同級生に見せるためというよりは、自分のためかもしれない。じつのところ、押し入れから箱を取り出しその蓋をとうとう開けてからというもの、写真を眺めるのは毎晩の日課のようになっていた。写真なんて見たくない、見ることなんてできない、とずっと意固地になっていたのに、ひとたびその ウ 枷《かせ》が外れると、幾度繰り返し見ても足りなかった。

持ってきた写真は、結婚したばかりの若い頃のから、亡くなった年のものまでに渡っている c（なるべく最近の写真を、というのが電話してきた同級生の希望だったのだから、彼のためではないことはやはりあきらかだ）。d 食事をしている俊介、海の俊介、山の俊介、草を抱く俊介、寺院の前の俊介、草原の俊介、温泉旅館の浴衣を着た俊介。どの俊介もカメラに向かって照れくさそうに微笑み、そうでないときは――本人に気づかれずに誰かが撮影したのだろう――いかにも愉しげに笑ったり、あるいはどこか子供みたいな熱心な顔で、何かを注視したり、誰かの言葉に耳を傾けたりしている。

郁子にとっては驚きだった。もちろん喧嘩《けんか》の最中や、不機嫌な顔をしているときにわざわざ写真を撮ったりはしないものだが、それにしてもこんなに幸福そうな俊介の写真が、これほどたくさんあるなんて。しかもそういう写真は、草がいた頃だけでなく、そのあとも撮られているのだった。

たしかに草が亡くなってしばらくは二人とも家にじっと閉じこもり、写真を撮ることにも撮られることにも無縁だった。それでもいつしか外に出て行くようになり、そうして笑うようにもなっていったのだ。植物が伸びるように人間は生きていく以上は笑おうとするものだ。そんなことはわかっている、と思っていたが、そのことをあらためて写真の中にたしかめると、それはやはり強い驚きになった。当然のこととして何枚かの写真には郁子自身も写っていた。やはり笑って。俊介と顔を見合わせて微笑み合っている一枚すらある。[c]郁子はまるで見知らぬ誰かを見るようにそれらを眺め、それが紛れもない自分と夫であることを何度でもたしかめた。

[e]「鹿島さん？　でしょ？」
俊介の元・同級生の石井《いしい》さんに、改札口を出たら電話をかけることになっていたが、公衆電話を探そうとしているところに声をかけられた。石井さんは、見事な白髪の上品そうな男性だった。

「今時携帯電話を持ってないなんて、いかにも俊介の奥さんらしいですから」

すぐわかりましたよ、と石井さんは笑った。

「お盆休みにお呼びだてしてごめんなさい」

石井さんの感じの良さにほっとしながら、郁子は謝った。

「いやいや、お呼びだてしたのはこちらですよ。わざわざ写真を持ってきていただいたんですから。それにもう毎日が休みみたいなものだから、盆休みといったってとりたてて予定もありませんしね。お申し出に、大喜びで参上しました」

写真は自分でそちらへ持っていきたい、そのついでに、俊介が若い日を過ごしたあちこちを訪ねて歩きたいのだ、と郁子は石井さんに言ったのだった。石井さんに写真を渡したら自分ひとりでぶらぶら歩くつもりでいたのだが、石井さんは案内する気満々でやってきたようだった。

「第一、こんな炎天下に歩きまわったら倒れますよ」

駅舎の外に駐《と》めてあった自転車に跨《また》がった石井さんは、「どうぞ」と当たり前のようにうしろの荷台を示した。郁子はちょっとびっくりしたけれど、乗せてもらうことにした。

「まず僕らの母校へ行ってから、[f]名所旧跡を通って駅のほうへ帰ってきましょう。なに、あっという間ですよ」

トートバッグを前のカゴに入れてもらい、郁子は荷台に横座りした[g](さすがに初対面の男性の腰に腕を巻きつけることはできなくて、遠慮がちにサドルの端を摑《つか》んだ)。自転車は風を切って走り出した。たしかに炎天ではあったが、石井さんは上手に日陰を選んで走ったので、さほど暑さは感じなかった。アスファルトより土が多い町だから、気温が都心よりも低いということもあるのかもしれない。

「この町ははじめてですか？」

[h]「いいえ……彼と一緒になったばかりの頃に一度だけ」

[i]それ以後、[j]一度も来訪することはなかったのだった。広い庭がある古い木造の家に当時ひとり暮らしだった義母は、それから数年後に俊介の兄夫婦と同居することになり、家と土地は売却されたから。そのたった一度の機会も、郁子が妊娠中だったこともあり駅から俊介の実家へ行く以外の道は通らなかった。それでも今、自転車のスピードに合わせて行き過ぎる風景のところどころに、懐かしさや既視感を覚えて郁子ははっと目を見開いた。

十分も走らないうちに学校に着いた[k](それでも自分の足で歩いたら三十分はかかっただろうから、郁子は石井さんの好意にあらためて感謝した)。ケヤキや銀杏《いちょう》の大木がうっそうと繁《しげ》る向こうに、広々した校庭と、すっきりした鉄筋の建物が見える。校庭では女生徒たちがハードルの練習をしている。二十年くらい前に共学になって、校舎も建て替えたんですよね、と石井さんが言った。

しばらく外から眺めてから、正門から正面の校舎まで続くケヤキ並木を通り、屋根の下をくぐり抜けて裏門へ出た。守衛さんに事情を話せば校内の見学もできるだろうと石井さんは言ったが、[D]その必要はありませんと郁子は答えた。何かを探しに来たわけではなかったし、もしそうだとしても、もうそれを見つけたような感覚があった。

見事なケヤキの並木のことは、かつて俊介から聞いていた。高校時代俊介はラグビー部だったことや、女子校の生徒と交換日記をつけていたことも。何かの拍子にそういう話を聞かされるたびに、その時代の俊介に会ってみたい、と思ったものだった。

そして頭の中に思い描いていた男子校の風景が、今、自分の心の中から取り出されて、眼前にあらわれたのだという気がした。それが、ずっと長い間——夫を憎んだり責めたりしている間も——自分の中に保存されていたということに郁子は呆然《ぼうぜん》とした。呆然としながら、詰め襟の学生服を着た十六歳の俊介が、ハードルを跳ぶ女子学生たちを横目に見ながら校庭を横切っていく幻を眺めた。

《注》
※馬＝お盆の時に、キュウリを使って、死者の霊が乗る馬に見立てて作るもの。
※スナップ＝スナップ写真のこと。人物などの瞬間的な動作や表情を撮った写真。

問1 傍線部ア〜ウの本文中における意味として最も適当なものを、次の各群の①〜⑤のうちから、それぞれ一つずつ選べ。

ア 腹に据えかねた
① 本心を隠しきれなかった
② 我慢ができなかった
③ 合点がいかなかった
④ 気配りが足りなかった

⑤　気持ちが静まらなかった

イ　戦《おのの》きながら

①　勇んで奮い立ちながら

②　驚いてうろたえながら

③　慌てて取り繕いながら

④　あきれて戸惑いながら

⑤　ひるんでおびえながら

ウ　枷《かせ》が外れる

①　問題が解決する

②　苦しみが消える

③　困難を乗り越える

④　いらだちが収まる

⑤　制約がなくなる

問2　傍線部A「写真の俊介が苦笑したように見えた。」とあるが、そのように郁子に見えたのはなぜか。その理由として最も適当なものを、次の①〜⑤のうちから一つ選べ。

①　キュウリで馬を作る自分に共感しなかった夫を今も憎らしく思っているが、そんな自分のことを、夫は嫌な気持ちを抑えて笑って許してくれるだろうと想像しているから。

② 自分が憎まれ口を利いても、たいていはただ黙り込むだけだったことに、夫は後ろめたさを感じながら今も笑って聞き流そうとしているだろうと想像しているから。
③ かつては息子の元へ行きたいと言い、今は息子も夫も自分のそばにいてほしいと言う、身勝手な自分のことを、夫はあきれつつ受け入れて笑ってくれるだろうと想像しているから。
④ 亡くなった息子だけでなく夫の分までキュウリで馬を作っている自分のことを、以前からかったときと同じように、夫は今も皮肉交じりに笑っているだろうと想像しているから。
⑤ ゆったりとした表情を浮かべた夫の写真を見て、夫に甘え続けていたことに今さら気づいた自分の頼りなさを、夫は困ったように笑っているだろうと想像しているから。

問3 傍線部B「少し離れた場所に座っていた若い女性がぱっと立ち上がり、わざわざ郁子を呼びに来て、席を譲ってくれた」とあるが、この出来事をきっかけにした郁子の心の動きはどのようなものか。その説明として最も適当なものを、次の①～⑤のうちから一つ選べ。
① 三十数年前にも年配の夫婦が席を譲ってくれたことを思い起こし、他人にもわかるほど妊娠中の妻を気遣っていた夫とその気遣いを受けていたあの頃の自分に思いをはせている。
② 席を譲ってくれた年配の夫婦と気兼ねなく話した出来事を回想し、いま席を譲ってくれた女性が気を遣わせまいとわざわざ離れた場所に移動したことに感謝しつつも、物足りなく思っている。
③ まだ席を譲られる年齢でもないと思っていたのに譲られたことに戸惑いを感じつつ、以前同じように席を譲ってくれた年配の男性の優しさを思い起こし、若くて頼りなかった夫のことを懐かしんでいる。
④ 席を譲ってくれた女性と同じくらいの年齢のときにも、同じくらいの時間帯に同じ場所を目指して、夫と電車に乗っていて席を譲られたことを思い出し、その不思議な巡り合わせを新鮮に感じている。

⑤ 若い女性が自分に席を譲ってくれた配慮が思いもかけないことだったので、いささか慌てるとともに、同じようなことが夫と同行していた三十数年前にもあったのを思い出し、時の流れを実感している。

問4 傍線部C「郁子はまるで見知らぬ誰かを見るようにそれらを眺め、それが紛れもない自分と夫であることを何度でもたしかめた。」とあるが、その時の郁子の心情はどのようなものか。その説明として最も適当なものを、次の①〜⑤のうちから一つ選べ。

① 息子を亡くした後、二人は悲しみに押しつぶされ、つらい生活を送ってきた。しかし、写真の二人からはそのような心の葛藤は少しも見いだすことができず、そこにはどこかの幸せな夫婦が写っているとしか思われなかった。

② 息子を亡くした悲しみに耐えて明るく振る舞っていた夫から、距離をとりつつ自分は生きてきたと思っていた。しかし、案外自分も同様に振る舞い、夫に同調していたことを、写真の中に写った自分たちの姿から思い知った。

③ 息子の死後も明るさを失わない夫に不満といらだちを抱いていたが、そんな自分も時には夫のたくましさに助けられ、夫とともに明るく生きていた。写真に写った自分たちのそのような様子は容易には受け入れがたく思われた。

④ 息子の死にとらわれ、悲しみのうちに閉じこもるようにして夫と生きてきたと思っていたが、自分も夫も知らず知らず幸福に向かって生きようとしていた。写真に写るそんな自分たちの笑顔は思いがけないものだった。

⑤ 息子の死に打ちのめされた二人は、ともに深い悲しみに閉ざされた生活を送ってきた。互いに傷つけ合った記憶があざやかであるだけに、写真に残されていた幸福そうな姿が自分たちのものとは信じること

ができなかった。

問5　傍線部Ｄ「その必要はありませんと郁子は答えた」とあるが、このように答えたのはなぜか。その説明として最も適当なものを、次の①〜⑤のうちから一つ選べ。

①　夫の実家のある町並みを経て、彼が通った高校まで来てみると、校内を見るまでもなく若々しい夫の姿がありありと見えてきた。今まで夫を憎んでいると思い込んでいたが、その幻のあまりのあざやかさから、夫をいとおしむ心の強さをあらためて確認することができたから。

②　自分の心が過去に向けられ、たった一度来たきりで忘れたものと思っていた目の前の風景にも懐かしさや既視感を覚えるほどだった。高校時代から亡くなるまでの夫の姿が今や生き生きとよみがえり、大切なことは記憶の中にあるのだと認識することができたから。

③　夫が若い頃過ごした町並みや高校を訪ねるうちに、いさかいの多かった暮らしの中でも、夫のなにげない思いや記憶を受け止め、夫の若々しい姿が自分の中に刻まれていたことに気がついた。そのような自分たち夫婦の時間の積み重なりを実感することができたから。

④　長年夫を憎んだり責めたりしていたが、夫が若い日々を過ごした町並みを確認してゆくうちに、ようやく許す心境に達し、夫への理解も深まった。目の前にあらわれた若い夫の姿に、夫への感謝の念と、自分の新しい人生の始まりを予感することができたから。

⑤　長く苦しめながら頼りにもしてきた夫が、学生服姿の少年として眼前にあらわれ、今は彼のことをいたわってあげたいという穏やかな心境になった。自分と夫は重苦しい夫婦生活からようやく解放されたのだということを、若き夫の幻によって確信することができたから。

問6　この文章の表現に関する説明として**適当でないもの**を、次の①～⑥のうちから二つ選べ。ただし、解答の順序は問わない。

①　冒頭から74行目までは傍線部aの俊介の言葉を除いて「　」がないが、傍線部eから傍線部hまでは郁子と石井の会話に「　」が使われ、傍線部i以降また使われなくなる。「　」のない部分は郁子の思考の流れに沿って文章が展開している。

②　傍線部b「馬に乗ってきて、そのままずっとわたしのそばにいればいい。」は、郁子の心情が「郁子は～と思った」などの語句を用いずに「わたし」という一人称で直接述べられている。これは郁子のその場での率直な思いであることを印象づける表現である。

③　傍線部c、傍線部g、傍線部kでは郁子の心情が（　）の中に記されている。ここでは、（　）の中に入れることによって、その内容が他人に隠したい郁子の本音であることが示されている。

④　傍線部d「食事をしている俊介、海の俊介、山の俊介、草を抱く俊介、寺院の前の俊介、草原の俊介、温泉旅館の浴衣を着た俊介。」の一文には一枚一枚の写真の中の俊介の様子が「～俊介」の反復によって羅列されている。これによって、夫のさまざまな姿に郁子が気づいたということが表現されている。

⑤　「名所旧跡」という語は、本来、有名な場所や歴史的事件にゆかりのある場所を表すが、傍線部fの「名所旧跡」は、俊介という個人に関わりのある場所として用いられている。この傍点は、石井が、あえて本来の意味を離れ、冗談めかしてこの語を使ったことを示している。

⑥　傍線部j「一度も来訪することはなかったのだった」の「のだった」や、傍線部l「その時代の俊介に会ってみたい、と思ったものだった」の「ものだった」は、回想において改めて思い至ったことを確認する文末表現である。前者には郁子の悔やんでいる気持ちがあらわれており、後者には懐かしむ気持ちがあらわれている。

第2問

「随筆文」の攻略

2020年明治大（改題）

演習の目安時間 25分

次の文章を読んで、後の問いに答えよ。（本文の表記を改めた箇所がある）

自分の仕事と世の中とのつながりについては私は割に気楽な考え方をしている。私は来世とか霊魂の不滅は信じないが、一人の人間のこの世でした精神活動はその人の死と共に直ちに消え失せるものではなく、期間の長短は様々であろうが、あとに伝わり、ある働きをするものだという事を信じている。簡単な一例として、私は四十五年前に亡くなった祖父を憶う時、私の心の中に祖父の精神の甦るのを感ずる。こういう意味で、すぐれた人間、例えば、釈迦、孔子、キリスト、というような人たちの生きていた時の精神活動が弟子たちによって一つの形を与えられると、それは殆ど不滅といっていい位に伝わり、働きをする。

創作の仕事も、少し理想的ないい方になるが、作家のその時の精神活動が作品に刻み込まれて行くという意味で、その人の精神が後に伝わる可能性の多い仕事だと思っている。完成した時、作家はそれを自分の手から離してやる。あとは作品自身で、読者と直接交渉を持ち、色々な働きをしてくれる。それは想いがけない所で、思いがけない人によき働きをする事があり、私はそれをのちに知って、喜びを感じた経験をいくつか持っている。それ故、作家は善意をもって、精一杯の仕事をし、それから先はその作品が持つ力だけの働きをしてくれるものだという事を信じていればいいのである。

自分の仕事と世の中とのつながりについては私はA以上のように単純に考え、安心している。

「この時代の人間はB大変な時代遅れな人間なのだ」私はこんな事を考えた。今の時代では色々なものが非常な進み方をしている。進み過ぎて手に負えず、どうしていいか分からずにいる。思想の対立がそれであり、科学の進歩がそれである。科学の進歩に対しては何か一つファインプレーがあると吾々は何も分らずに拍手喝采をおくる。例えば或る長距離の無着陸飛行に成功したという記事を読むと、新記録好きの今の人々は直ぐ拍手喝采をするが、一体、この事が吾々庶民にとってどういう事を意味するかといえば爆撃を受ける時の危険率が増したという事以外の何ものでもないのだ。そういう能率のいい飛行機で愉快な旅をするなどいう事はまずないといっていい。それを喝采して喜ぶというのはおかしな事だ。

人間が新記録を喜ぶ心理は人間の能力がここまで達したという事を喜ぶ心理で、これがために人間は進歩したのであるが、今となっては、それも「過ぎたるはなお、及ばざるがごとし」で、何事もあれよあれよで手がつけられずにいる有様だ。この事が予見出来ず、これまでに手綱がつけられなかったというのはいかにも智慧のない話である。今の人が時代遅れだというのはそういう意味からである。

デモクラシイがいいか、マルキシズムがいいか、どっちなのであろう。両方いいものならば、それがかくも対立して、世界を今日のような不安に陥れるはずはないし、どっちかがよく、どっちかが悪いものなら、思想とし、政治形態とし、今日までに優劣をはっきり決めて置けばよかった。素朴過ぎる考え方かも知れないが、私はそんな風に思う。これは思想家、政治家たちの怠慢だったと思う。そして今のように結局、対立の解決を武力に求めるというのでは、思想も政治もなく、最初から腕力で争う動物の喧嘩と何ら選ぶところはないというわけだ。第二次世界大戦中から、この次は米国の民主主義とロシアの共産主義の対立になり、第三次世界大戦になるだろうと、よく人がいっていたが、それだけ分っていて、どうして今までに何もしなかったのだろうか。思想家、政治家、宗教家、学者たちの怠慢といえるように思う。

科学については科学の限界を予め決めて置いて、それを超えない範囲で進歩さしてもらうというわけには行かないものか。大体、こういう考え方は学問、芸術の世界では承認出来難い考えで、愉快な考えではないが、科学の場合だけは限界を無視し、無闇に進歩されては大変な事になると思う。そして、その限界は地球という事になると思う。人間はこの地球から一歩も外に出られないものだからである。

私は若い頃、※アナトール・フランスの「エピキュラスの園」の一節で、この地球が熱を失い、最後に残った一人の人間が、何万、何十万年の努力によって築き上げられた人間の文化をその下に封じ込めてしまった氷河の上で、最後の一人が光の鈍った赤い太陽を眺め、何を考えるという事もなしに息をひきとる、これが最後の人間の絶えた時だというような事があるのを読んで、反抗するような気持で、それは地球の運命であって、必ずしも人類の運命ではないと思った事がある。吾々は人類にそういう時期、即ちこの地球が我々の進歩発達に条件が不適当になる前に、出来るだけの発達を遂げて、地球の運命から自分たちの運命を切り離すべきだと思った。これは大変便利な考え方で、この考えをもってすれば、大概の現象は割りきれた。究極にそういう目的があるのだと思うと、いかなる病的な現象も肯定出来るのである。そういう［Ⅰ］の変則な現われだと思う事が出来るから、総てが割りきれた。飛行機の無制限な発達も、原子力も（その頃はこんなものはなかったが）総て讃美する事が出来るわけである。私は三十二、三歳まではそういう空想に捕われ、滅茶苦茶に興奮する事がよくあったが、どうかすると急に深い谷へ逆落としに落とされたほどに不安焦慮を感じる事がよくあった。私はそれに堪え兼ね、東洋の古美術に親しむ事、自然に親しむ事、動植物に接近し親しむ事などで、少しずつそれを調整して行くうち、いつか、前の考えから離れ、段々にその丁度反対の所に到達し、ようやく心の落ちつきを得る事が出来た。以来三十何年、その考えは殆ど変わらずに続いている。

それはさて置き、私は科学の知識は皆無といっていい者だが、自然物を身近く感ずる点では普通人以上であるという自信があり、臆面もなく、こういう事を書くのであるが、今の科学は段々地球からはみ出して来たような感じがして私は不安を感ずるのである。第一に吾々がそれから一歩も出る事の出来ない地球そのものが段々小さくなって行く事が心細い。遠からず、日帰りで地球を一周する事が出来るようになるだろう。これはまことに淋しい事である。人間以外の動物でそんな事をしたいと思ったり、しようとする動物は一つもない。しかも、人間にそういう事が出来るようになって、どういういい事があるのか。考えられるのは悪い事ばかりである。C おのれの分を知るというのは個人の場合だけの事ではない。人間のこの思い上りは必ず自然から罰せられる。既に人間はその罰を受けつつあるのだ。私にはそう思える。人間がいくら偉くなったとしても要するにこの地球上に生じた動物の一つだということは間違いのない事だ。他の動物を遥かに引き離して、ここまで進歩した事には感心もするが、時に自らを省みて、明らかに自身が動物出身である事をまざまざと感じさせられる場合もあるのだ。

最近、私は庭で親指の腹ほどのガマ蛙を見つけて、硝子の花器に入れて飼って見たが、ガマは逃れたいと思うのか、花器の側面につかまって、のび上るようにしてよく立っている。その恰好がまだ歩けない赤児のつかまり立ちにそっくりなのだ。しかも、赤児がやるように、それで横歩きをする。腰から下に、膝があり、すねがあり、踵があり、足のひらがある。ひろげた手には肘があり、掌があり、指がある、異なるところは首が人間のようにくびれていないだけである。

動物の世界も強食弱肉で、生存競争はなかなか烈しいが、何かその間に調和みたようなものも感じられ、人間の戦争ほど残忍な感じがしない。つまりそれは Ⅱ 内の事だからかも知れない。人間同士の今日の殺し合いは Ⅱ の外である。

人間は動物出身でありながら、よくぞ、これまで進歩したものだという事は驚嘆に値するが、限界を知らぬという事が人間の盲点となって、自らを亡ぼすようになるのではないか。総ての動物中、とび離れて賢い動物でありながら、結果からいうと、一番馬鹿な動物だったという事になるのではないかという気がする。今の世界は思想的にも科学的にも、上げも下げもならぬ状態になっている。D他の動物にはなく、人間だけがそれを作った、思想とか科学というものが、最早、人間にとって「マンモスの牙」になってしまったように思われるが、どういうものであろうか。

（志賀直哉「閑人妄語」より）

《注》

※アナトール・フランス＝一八四四～一九二四。フランスの詩人、小説家、批評家。

問1　傍線部Ａ「以上のように単純に考え、安心している」とあるが、なぜ「安心」できるのか。それを説明したものとして最も適切なものを、次の中から一つ選べ。

① 一人の人間のこの世でした精神活動は、その長短は様々であろうが、あとに伝わり、色々な働きをして、その精神が甦るから。

② 一人の人間のこの世でした精神活動は、その長短は様々であろうが、殆ど不滅といっていい位に伝わり、その精神が甦るから。

③ 作家のその時の精神活動はその作品に刻み込まれ、読者と直接に交渉を持ち、よき働きをしてくれると信じていればいいから。

④ 作家のその時の精神活動はその作品に刻み込まれ、読者には直接その作品が持つ力以上の働きをしてくれるものと信じるから。

問2　傍線部B「大変な時代遅れな人間」とあるが、なぜこのように言えるのか。それを説明したものとして最も適切なものを、次の中から一つ選べ。

① 今の時代は思想の対立にあるが、それに伴って科学の進歩で競い合い、かえってそのことで喜び合えない状況を作っているから。

② 今の時代は思想の対立はあるが、科学の進歩で克服できると考えていて、かえって不愉快な状況にあるとは気づいていないから。

③ 科学の進歩は際限がなく、新記録に拍手喝采しているのはいいとして、新記録に喜びを感じられなくなるという矛盾を抱くから。

④ 科学の進歩は際限がなく、新記録に拍手喝采しているうちに、制御できない状況を生じさせている矛盾に気がついていないから。

問3　Ⅰ にあてはまるものとして最も適切なものを、次の中から一つ選べ。

① 地球の発展　② 人類の発展　③ 地球の意志　④ 人類の意志

問4　傍線部C「おのれの分」とあるが、それに置き換えられる内容を具体的に表したものとして、最も適切な箇所を本文中から十一字で抜き出して記せ。

問5　Ⅱ にあてはまるものとして最も適切なものを、次の中から一つ選べ。

① 科学の法則　② 自然の法則　③ 思想の法則　④ 地球の法則

問６　傍線部Ｄ「他の動物にはなく、人間だけがそれを作った、思想とか科学というものが、最早、人間にとって「マンモスの牙」になってしまったように思われるが、どういうものであろうか」とあるが、筆者が主張していることとして、最も適切なものを、次の中から一つ選べ。

①　科学の無制限な進歩は地球を段々小さく狭くし、そのため人間はますます忙しくなる。思想の対立は他の動物にはないもので、戦争に発展する不安要素を多分に持っている。

②　科学の進歩には限界があるということは、学問の世界では承認出来難く、常に進歩、発展を目指すべきである。思想には様々なものがあってよく、様々な思想は不滅である。

③　科学の無制限な進歩は地球の破壊をもたらすもので、制限を設けるべきである。思想や政治は他の動物にはないもので、いまや戦争による人類滅亡の不安をもたらしている。

④　科学の進歩に限界がないことは、学問の世界では承認出来ることであり、人類の幸福につながるものである。思想には様々なものがあるが、特定の思想で統一すべきである。

第2部

第3問

「複数テクスト」の攻略

2021年大学入学共通テスト

演習の目安時間 20分

次の文章は、加能作次郎《かのうさくじろう》「羽織と時計」（一九一八年発表）の一節である。「私」と同じ出版社で働くW君は、妻子と従妹《いとこ》と暮らしていたが生活は苦しかった。そのW君が病で休職している期間、「私」は何度か彼を訪れ、同僚から集めた見舞金を届けたことがある。以下はそれに続く場面である。これを読んで、後の問いに答えよ。なお、設問の都合で本文の下に行数を付してある。

春になって、陽気がだんだん暖かになると、W君の病気も次第に快《よ》くなって、五月の末には、再び出勤することが出来るようになった。

『君の家の※紋は何かね？』

彼が久し振りに出勤した最初の日に、W君は突然私に尋ねた。私は不審に思いながら答えた。

『※円《まる》に横モッコです。平凡なありふれた紋です。何ですか？』

『いや、実はね。僕も長い間休んで居て、君に少《すく》からぬ世話になったから、ほんのお礼の印に※羽二重《はぶたえ》を※一《いっ》反《たん》お上げしようと思っているんだが、同じことなら羽織にでもなるように※紋を抜いた方がよいと思ってね。どうだね、其方《そのほう》がよかろうね。』とW君は言った。

W君の郷里は羽二重の産地で、彼の親類に織元《おりもと》があるので、そこから安く、実費で分けて貰《もら》うので、外にも序《ついで》があるから、そこから直接に京都へ染めにやることにしてあるとのことであった。

『染《そめ》は京都でなくちゃ駄目だからね。』とW君は独りで首肯《うなず》いて、『じゃ早速言ってやろう。』

私は辞退する術《すべ》もなかった。

一ヶ月あまり経《た》って、染め上《あが》って来た。W君は自分でそれを持って私の下宿を訪れて呉《く》れた。私は早速W君と連れだって、呉服屋へ行って裏地を買って羽織に縫って貰った。

貧乏な私は其時《そのとき》まで礼服というものを一枚も持たなかった。羽二重の紋付《もんつき》の羽織というものを、その時始めて着たのであるが、今でもそれが私の持物《もちもの》の中で最も貴重なものの一つとなって居る。

『ほんとにいい羽織ですこと、あなたの様な貧乏人が、こんな羽織をもって居なさるのが不思議な位ですわね。』

妻は、私がその羽織を着る機会のある毎《ごと》にそう言った。私はW君から貰ったのだということを、妙な羽目からつい言いはぐれて了《しま》って、今だに妻に打ち明けてないのであった。妻が私が結婚の折に特に拵《こしら》えたものと信じて居るのだ。下に着る着物でも袴《はかま》でも、その羽織とは全く不調和な粗末なものばかりしか私は持って居ないので、

『よくそれでも羽織だけ飛び離れていいものをお拵えになりましたわね。』と妻は言うのであった。

『そりゃ礼服だからな。これ一枚あれば下にどんなものを着て居ても、兎《と》に角《かく》礼服として何処《どこ》へでも出られるからな。』私は擽《くす》ぐられるような思《おもい》をしながら、そんなことを言って誤魔化《ごまか》して居た。

『これで袴だけ※仙台平《せんだいひら》か何かのがあれば揃《そろ》うのですけれどね。どうにかして袴だけいいのをお拵えなさいよ。これじゃ羽織が泣きますわ。こんなぼとぼとした※セルの袴じゃ、折角《せっかく》のいい羽織がちっとも引き立たないじゃありませんか。』

妻はいかにも惜しそうにそう言い言いした。

私もそうは思わないではないが、今だにその余裕がないのであった。私はこの羽織を着る毎にW君のことを思い出さずに居なかった。

その後、社に改革があって、私が雑誌を一人でやることになり、W君は書籍の出版の方に廻《まわ》ることになった。そして翌年の春、私は他にいい口があったので、その方へ転ずることになった。

W君は私の将来を祝し、送別会をする代《かわ》りだといって、自ら奔走して社の※同人達《たち》から二十円ばかり※醵金《きょきん》をして、私に記念品を贈ることにして呉れた。私は時計を持って居なかったので、自分から望んで懐中時計を買って貰った。

『贈××君。××社同人。』

こう銀側の蓋の裏に小さく刻まれてあった。

この処置について、社の同人の中には、内々不平を抱いたものもあったそうだ。まだ二年足らずしか居ないものに、記念品を贈るなどということは曾《かつ》て例のないことで、これはW君が、自分の病気の際に私が奔走して見舞金を贈ったので、その時の私の厚意に酬《むく》いようとする個人的の感情から企てたことだといってW君を非難するものもあったそうだ。また中には、

『あれはW君が自分が罷《や》める時にも、そんな風なことをして貰いたいからだよ。』と卑しい邪推をして皮肉を言ったものもあったそうだ。

私は後でそんなことを耳にして非常に不快を感じた。そしてW君に対して気の毒でならなかった。そういう非難を受けてまでも（それはW君自身予想しなかったことであろうが）私の為《ため》に奔走して呉れたW君の厚い※情誼を思いやると、私は涙ぐましいほど感謝の念に打たれるのであった。それと同時に、その一種の恩恵に対して、常に或《あ》る重い圧迫を感ぜざるを得なかった。

羽織と時計――。私の身についたものの中で最も高価なものが、二つともW君から贈られたものだ。この意識が、今でも私の心に、感謝の念と共に、B何だかやましいような気恥《きはずか》しいような、訳のわからぬ一種の重苦しい感情を起《おこ》させるのである。

××社を出てから以後、私は一度もW君と会わなかった。W君は、その後一年あまりして、病気が再発して、遂《つい》に社を辞し、いくらかの金を融通して来て、電車通りに小さなパン菓子屋を始めたこと、自分は寝たきりで、店は主に従妹が支配して居て、それでやっと生活して居るということなどを、私は或る日途中で××社の人に遇《あ》った時に聞いた。私は××社を辞した後、或る文学雑誌の編輯《へんしゅう》に携《たずさわ》って、文壇の方と接触する様になり、交友の範囲もおのずから違って行き、仕事も忙しかったので、一度見舞《みまい》旁々《かたがた》訪《おとな》わねばならぬと思いながら、自然と遠ざかって了った。その中《うち》私も結婚をしたり、子が出来たりして、境遇も次第に前と異《ことな》って来て、一層ウ足が遠くなった。偶々《たまたま》思い出しても、久しく無沙汰をして居ただけそれだけ、そしてそれに対して一種の自責を感ずれば感ずるほど、妙に改まった気持《きもち》になって、つい億劫《おっくう》になるのであった。

羽織と時計――併《しか》し本当を言えば、この二つが、W君と私とを遠ざけたようなものであった。これがなかったなら、私はもっと素直な自由な気持になって、時々W君を訪れることが出来たであろうと、今になって思われる。何故《なぜ》というに、私はこの二個の物品を持って居るので、常にW君から恩恵的債務を負うて居るように感ぜられたからである。この債務に対する自意識は、私をして不思議にW君の家の敷居を高く思わせた。而《しか》も不思議なことに、C私はW君よりも、彼の妻君《さいくん》の眼を恐れた。私が時計を帯にはさんで行くとする、『あの時計は、※良人《うち》が世話して進《あ》げたのだ。』斯《こ》う妻君の眼が言う。私が羽織を着て行く、『ああの羽織は、良人が進げたのだ。』斯う妻君の眼が言う。もし二つとも身につけて行かないならば、『あの人は羽織や時計をどうしただろう。』斯う妻君の眼が言うように空想されるのであった。どうしてそんな考《かんが》が起《おこ》るのか分《わか》らない。或《あるい》は私自身の中に、そういう卑しい邪推深い性情がある為であろう。が、いつでもW君を訪れようと思いつく毎に、妙にその厭《いや》な考が私を引き止めるのであった。そればかりではない、こうして無沙汰を続ければ続けるほど、私はW君の妻君に対して更に恐れを抱くのであった。

『〇〇さんて方は随分薄情な方ね、あれきり一度も来なさらない。こうして貴郎《あなた》が病気で寝て居らっしゃるのを知らないんでしょうか、見舞に一度も来て下さらない。』

斯う彼女が彼女の良人《おっと》に向《むか》って私を責めて居そうである。その言葉には、あんなに、羽織や時計などを進げたりして、こちらでは尽《つく》すだけのことは尽してあるのに、という意味を、彼女は含めて居るのである。

そんなことを思うと迚《とて》も行く気にはなれなかった。こちらから出て行って、妻君のそういう考をなくする様に努めるよりも、私は逃げよう逃げようとした。私は何か偶然の機会で妻君なり従妹なりと、途中ででも遇わんことを願った。そうしたら、『W君はお変《かわ》りありませんか、相変らず元気で××社へ行っていらっしゃいますか？』としらばくれて尋ねる、すると、疾《と》うに社をやめ、病気で寝て居ると、相手の人は答えるに違いない。

『おやおや！　一寸《ちっと》も知りませんでした。それはいけませんね。どうぞよろしく言って下さい。近いうちにお見舞に上りますから。』

こう言って分れよう。そしてそれから二三日置いて、何か手土産を、そうだ、かなり立派なものを持って見舞に行こう、そうするとそれから後は、心易《こころやす》く往来出来るだろう——。

そんなことを思いながら、三年四年と月日が流れるように経って行った。今年の新緑の頃、子供を連れて郊外へ散歩に行った時に、D私は少し遠廻りして、W君の家の前を通り、原っぱで子供に食べさせるのだからと妻に命じて、態《わざ》と其《そ》の店に餡《あん》パンを買わせたが、実はその折陰ながら家の様子を窺《うかが》い、うまく行けば、全く偶然の様に、妻君なり従妹なりに遇おうという微《かす》かな期待をもって居た為《た》めであった。私は電車の線路を挟んで向側《むかいがわ》の人道に立って店の様子をそれとなく注視して居たが、出て来た人は、妻君でも従妹でもなく、全く見知らぬ、※下女《げじょ》の様な女だった。私は若《も》しや家が間違っては居ないか、または代《だい》が変ってでも居るのではないかと、屋根看板をよく注意して見たが、以前××社の人から聞いたと同じく、××堂W——とあった。たしかにW君の店に相違なかった。それ以来、私はまだ一度も其店の前を通ったこともなかった。

《注》
※紋＝家、氏族のしるしとして定まっている図柄。
※円に横モッコ＝紋の図案の一つ。
※羽二重＝上質な絹識物。つやがあり、肌ざわりがいい。
※一反＝布類の長さの単位。長さ一〇メートル幅三六センチ以上が一反の規格で、成人一人分の着物となる。
※紋を抜いた＝「紋の図柄を染め抜いた」という意味。
※仙台平＝袴に用いる高級絹織物の一種。
※セル＝和服用の毛織物の一種。
※同人＝仲間。
※醵金＝何かをするために金銭を出し合うこと。
※情誼＝人とつきあう上での人情や情愛。
※良人＝夫。
※下女＝雑事をさせるために雇った女性のこと。当時の呼称。

問1　傍線部ア～ウの本文中における意味として最も適当なものを、次の各群の①～⑤のうちから、それぞれ一つずつ選べ。

ア　術もなかった
①　理由もなかった
②　手立てもなかった
③　義理もなかった
④　気持ちもなかった

⑤　はずもなかった

イ　言いはぐれて

①　言う必要を感じないで
②　言う機会を逃して
③　言うのを忘れて
④　言う気になれなくて
⑤　言うべきでないと思って

ウ　足が遠くなった

①　訪れることがなくなった
②　時間がかかるようになった
③　会う理由がなくなった
④　行き来が不便になった
⑤　思い出さなくなった

問2　傍線部A「擽ぐられるような思」とあるが、それはどのような気持ちか。その説明として最も適当なものを、次の①～⑤のうちから一つ選べ。

① 自分たちの結婚に際して羽織を新調したと思い込んで発言している妻に対する、笑い出したいような気持ち。

② 上等な羽織を持っていることを自慢に思いつつ、妻に事実を知られた場合を想像して、不安になっている気持ち。

③ 妻に羽織をほめられたうれしさと、本当のことを告げていない後ろめたさとが入り混じった、落ち着かない気持ち。

④ 妻が自分の服装に関心を寄せてくれることをうれしく感じつつも、羽織だけほめることを物足りなく思う気持ち。

⑤ 羽織はW君からもらったものだと妻に打ち明けてみたい衝動と、自分を侮っている妻への不満とがせめぎ合う気持ち。

問3　傍線部B「何だかやましいような気恥しいような、訳のわからぬ一種の重苦しい感情」とあるが、それはどういうことか。その説明として最も適当なものを、次の①～⑤のうちから一つ選べ。

① W君が手を尽くして贈ってくれた品物は、いずれも自分には到底釣り合わないほど立派なものに思え、自分を厚遇しようとするW君の熱意を過剰なものに感じてとまどっている。

② W君の見繕ってくれた羽織はもちろん、自ら希望した時計にも実はさしたる必要を感じていなかったのに、W君がその贈り物をするために評判を落としたことを、申し訳なくももったいなくも感じている。

③ W君が羽織を贈ってくれたことに味をしめ、続いて時計までも希望し、高価な品々をやすやすと手に入

れてしまった欲の深さを恥じており、W君へ向けられた批判をそのまま自分にも向けられたものと受け取っている。

④ 立派な羽織と時計とによって一人前の体裁を取り繕うことができたものの、それらを自分の力では手に入れられなかったことを情けなく感じており、W君の厚意にも自分へ向けられた哀れみを感じ取っている。

⑤ 頼んだわけでもないのに自分のために奔走してくれるW君に対する周囲の批判を耳にするたびに、W君に対する申し訳なさを感じたが、同時にその厚意には見返りを期待する底意をも察知している。

問4 傍線部C「私はW君よりも、彼の妻君の眼を恐れた」とあるが、「私」が「妻君の眼」を気にするのはなぜか。その説明として最も適当なものを、次の①～⑤のうちから一つ選べ。

① 「私」に厚意をもって接してくれたW君が退社後に寝たきりで生活苦に陥っていることを考えると、見舞に駆けつけなくてはいけないと思う一方で、「私」の転職後はW君と久しく疎遠になってしまい、その間看病を続けた妻君に自分の冷たさを責められるのではないかと悩んでいるから。

② W君が退社した後慣れないパン菓子屋を始めるほど家計が苦しくなったことを知り、「私」が彼の恩義に酬いる番だと思う一方で、転職後にさほど家計も潤わずW君を経済的に助けられないことを考えると、W君を家庭で支える妻君には申し訳ないことをしていると感じているから。

③ 退職後に病で苦労しているW君のことを思うと、「私」に対するW君の恩義は一生忘れてはいけないと思う一方で、忙しい日常生活にかまけてW君のことをつい忘れてしまうふがいなさを感じたまま見舞に出かけると、妻君に偽善的な態度を指摘されるのではないかという怖さを感じているから。

④ 自分を友人として信頼し苦しい状況にあって頼りにもしているだろうW君のことを想像すると、見舞に

行きたいという気持ちが募る一方で、かつてW君の示した厚意に酬いていないことを内心やましく思わざるを得ず、妻君の前では卑屈にへりくだらねばならないことを疎ましくも感じているから。

⑤ W君が「私」を立派な人間と評価してくれたことに感謝の気持ちを持っているため、W君の窮状を救いたいという思いが募る一方で、自分だけが幸せになっているのにW君を訪れなかったことを反省すればするほど、苦労する妻君には顔を合わせられないと悩んでいるから。

問5 傍線部D「私は少し遠廻りして、W君の家の前を通り、原っぱで子供に食べさせるのだからと妻に命じて、態と其の店に餡パンを買わせた」とあるが、この「私」の行動の説明として最も適当なものを、次の①～⑤のうちから一つ選べ。

① W君の家族に対する罪悪感を募らせるあまり、自分たち家族の暮らし向きが好転したさまを見せることがためらわれて、かつてのような質素な生活を演出しようと作為的な振る舞いに及んでいる。

② W君と疎遠になってしまった後悔にさいなまれてはいるものの、それを妻に率直に打ち明け相談することも今更できず、逆にその悩みを悟られまいとして妻にまで虚勢を張るはめになっている。

③ 家族を犠牲にしてまで自分を厚遇してくれたW君に酬いるためのふさわしい方法がわからず、せめて店で買い物をすることによって、かつての厚意に少しでも応えることができればと考えている。

④ W君の家族との間柄がこじれてしまったことが気がかりでならず、どうにかしてその誤解を解こうとして稚拙な振る舞いに及ぶばかりか、身勝手な思いに事情を知らない自分の家族まで付き合わせている。

⑤ 偶然を装わなければW君と会えないとまで思っていたが、これまで事情を誤魔化してきたために、今更妻に本当のことを打ち明けることもできず、回りくどいやり方で様子を窺う機会を作ろうとしている。

問6　次に示す【資料】は、この文章（加能作次郎「羽織と時計」）が発表された当時、新聞紙上に掲載された批評（評者は宮島新三郎、原文の仮名遣いを改めてある）の一部である。これを踏まえた上で、後の(i)・(ii)の問いに答えよ。

【資料】

今までの氏は生活の種々相を様々な方面から多角的に※描破して、其処《そこ》から或るものを浮き上《あが》らせようとした点があったし、又そうすることに依《よ》って作品の効果を強大にするという長所を示していたように思う。見た儘《まま》、有りの儘を刻明に描写する――其処に氏の有する大きな強味がある。※由来氏はライフの一点だけを覘《ねら》って作をするというような所謂《いわゆる》『小話《こばなし》』作家の面影は有《も》っていなかった。

それが『羽織と時計』になると、作者が本当の泣き笑いの悲痛な人生を描こうとしたものか、それとも単に羽織と時計に伴う思い出を中心にして、ある一つの興味ある覘いを、否一つのおちを物語ってでもやろうとしたのか分《わか》らない程謂《い》う所の小話臭味の多過ぎた嫌いがある。若《も》し此《この》作品から小話臭味を取《とり》去ったら、即《すなわ》ち羽織と時計とに作者が関心し過ぎなかったら、そして飽くまでも『私』の見たW君の生活、W君の病気、それに伴う陰鬱な、悲惨な境遇を如実に描いたなら、一層感銘の深い作品になったろうと思われる。羽織と時計とに※執し過ぎたことは、この作品をユーモラスなものにする助けとはなったが、作品の効果を増す力にはなって居ない。私は寧《むし》ろ忠実なる生活の再現者としての加能氏に多くの尊敬を払っている。

宮島新三郎「師走文壇の一瞥《いちべつ》」（『時事新報』一九一八年一二月七日）

《注》

※描破＝あまさず描きつくすこと。
※由来＝元来、もともと。
※執し過ぎた＝「執着し過ぎた」という意味。

（ⅰ）【資料】の二重傍線部に「羽織と時計とに執し過ぎたことは、この作品をユーモラスなものにする助けとはなったが、作品の効果を増す力にはなって居ない。」とあるが、それはどのようなことか。評者の意見の説明として最も適当なものを、次の①～④のうちから一つ選べ。

① 多くの挿話からW君の姿を浮かび上がらせようとして、W君の描き方に予期せぬぶれが生じている。
② 実際の出来事を忠実に再現しようと意識しすぎた結果、W君の悲痛な思いに寄り添えていない。
③ 強い印象を残した思い出の品への愛着が強かったために、W君の一面だけを取り上げ美化している。
④ 挿話の巧みなまとまりにこだわったため、W君の生活や境遇の描き方が断片的なものになっている。

（ⅱ）【資料】の評者が着目する「羽織と時計」は、表題に用いられるほかに、「羽織と時計――」という表現として本文中にも用いられている（49行目、60行目）。この繰り返しに注目し、評者とは異なる見解を提示した内容として最も適当なものを、次の①～④のうちから一つ選べ。

① 「羽織と時計――」という表現がそれぞれ異なる状況において自問自答のように繰り返されることで、かつてのようにはW君を信頼できなくなっていく「私」の動揺が描かれることを重視すべきだ。
② 複雑な人間関係に耐えられず生活の破綻を招いてしまったW君のつたなさが、「羽織と時計――」という余韻を含んだ表現で哀惜の思いをこめて回顧されていることを重視すべきだ。

③「私」の境遇の変化にかかわらず繰り返し用いられる「羽織と時計――」という表現が、好意をもって接していた「私」に必死で応えようとするW君の思いの純粋さを想起させることを重視すべきだ。

④「羽織と時計――」という表現の繰り返しによって、W君の厚意が皮肉にも自分をかえって遠ざけることになった経緯について、「私」が切ない心中を吐露していることを重視すべきだ。